KB261353

희망 온 에어

희망 온 에어

삶의 민낯을 만나는 시간

희 망
온 에 어

최충희 지음

홍성사

추천의 글

이 책의 묘미는 이야기 너머에 잔잔하게 깔려 있는 하나님의 섬세하신 손길과 우리의 영혼을 굳게 세우는 생명의 말씀입니다. 저를 비롯한 독자들이 각자의 삶을 돌아보고, 신앙을 점검하며, 우리에게 고정된 시선을 다시 하나님께 돌리게 되리라 믿습니다. 고난 중에 있는 성도들, 병상에 누워 있는 성도들, 미지근한 신앙에 머무르고 있는 성도들에게 이 책을 추천하고 싶습니다. 아직 주님을 알지 못하는 이들에게도 복음을 전하는 귀한 통로가 되리라 생각합니다. 이 책에 담긴 진솔한 한마디 한마디가 수많은 독자의 마음과 영혼에 가닿기를 바라며, 이를 통해 오직 주님의 이름만이 드러나기를 간절히 기도합니다.

_**강승규**(하트앤서울 복음방송 국장)

갑작스레 찾아온 죽음의 위협 앞에서 하나님께 생명을 의탁하며 나아간 사모님의 이야기를 읽으면서 때로는 눈물을 훔치기도, 때로는 웃음 짓기도 했습니다. 극한의 상황에서 하나님을 신뢰한다는 것이 무엇인지, 절대적 평강이 무엇인지, 그리고 하나님을 경험한다는 것이 얼마나 황홀하고 놀라운 것인지 느낄 수 있었습니다. 이 책에는 사모님의 담백하고도 함축적인 문장 속에 담긴 하나님과의 깊은 영적 교감이 녹아 있습니다. 살짝 열려 있는 문틈 사이로 새어 나오는 황홀한 영적 세계의 빛이 이 책을 읽는 이들의 마음을 비추어 주리라 믿습니다.

_**박희석**(광주 사랑의교회 담임목사)

이 책은 저자가 겪은 일들을 신앙으로 어떻게 극복했는지 담담한 필채로 그려 내고 있습니다. 항상 잔잔해 보이던 저자의 삶에 이처럼 많은 고난이 있었다는 것에 놀랐습니다. 힘든 유년 시절을 보낸 이야기, 시한부 삶을 선고받은 이야기 등은 비슷한 고통을 겪는 이들에게 큰 위로를 주리라 생각합니다. 또한 분별하기 어려운 신학적 논제를 쉬우면서도 균형 있게 담았다는 점이 이 책을 더욱 돋보이게 합니다. 영적 체험에 대한 해석, 우울증과 자살 등의 사건에서 길어 올린 가르침은 죽은 지식이 아니라 살아 있는 교훈이기에 더욱 훌륭합니다. 이 책은 재미있어 한번 잡으면 끝까지 읽게 되지만, 한 장씩 읽고 토론하며 각 장의 끝에 있는 성경말씀을 암송하면 훌륭한 교재도 될 것 같습니다.

_**김승욱**(중앙대 경제학과 교수, 〈월드뷰〉 발행인)

저자의 글을 대하면 마음에 묻었던 불순물이 씻기는 듯합니다. 이 책에는 저자의 삶과 주님을 향한 태도가 고스란히 녹아 있습니다. 자신이 겪은 육체의 고난을 은혜의 언어로 풀어냈고, 주변 가족과 지인들의 사연도 이야기 자체보다 하나님이 누구신지에 초점을 맞췄습니다. 무엇보다 저자는 하나님의 광대한 은혜를 높이는 동시에 인간 실존을 사실적이면서도 감동적으로 표현했습니다. 이 책을 통해 많은 분이 하나님을 더 깊이 알아 가는 계기가 되면 좋겠습니다. 글 말미에 나오는 성경구절은 우리 인생의 요절로 삼아도 큰 유익이 될 것 같습니다.

_**신상목**(국민일보 종교부 기자)

이 책은 저자 자신과 그가 만난 이들의 삶에 역사하신 하나님의 이야기로 가득합니다. 누구나 살면서 한 번 쯤 고민하고 아파했을 주제들 그리고 그 속에서 세밀하게 일하신 하나님의 손길은, 마치 우리 자신의 이야기처럼 생생하게 다가와 소망과 위로를 줍니다. 또한 하나님은 어떤 분이신지, 고난 가운데 주님을 어떻게 신뢰할 수 있을지에 대한 중요한 신앙 주제들을 알기 쉽게 설명해 줍니다. 삶에서 우러나온 이 책이 독자들로 하여금 우리의 삶을 인도하시는 인격적인 하나님께 더욱 가까이 이끌어 줄 것임을 확신합니다.

_**원길사**(앤아버 한인장로교회 사모)

어떻게 신뢰할 수 있을지에 대한 중요한 신앙 주제들을 알기 쉽게 설명해 줍니다. 삶에서 우러나온 이 책이 독자들로 하여금 우리의 삶을 인도하시는 인격적인 하나님께 더욱 가까이 이끌어

차 례

일러두기

이 책은 하트앤서울 복음방송에서 특별 방송된 〈최충희 칼럼〉에서 서른 편을 선별하여 편집한 것입니다. 해당 음원은 앞날개 QR코드에 접속해 들으실 수 있으며, 전체 방송 모음은 www.heartandseoul.org에서 만나 보실 수 있습니다.

오늘의 사연_

나그네의 삶

"여보, 난 준비 다 됐어요!"

남편은 샤워실에 들어가면서부터 이렇게 외칩니다. 때로는
아침에 "난 다 준비했어요" 하며 잠꼬대하듯 웅얼거리기도
하지요. 그렇습니다. 이 말은 제가 남편에게 가장 많이 듣는 말
중 하나입니다. 나갈 준비가 다 되었다는 것이지요.

남편과 심방을 가거나 외출할 때, 일단 남편의 입에서 이 말이
떨어지면 어쩔 수 없이 제 마음은 다급해지기 시작합니다.

대체로 여자들의 외출 준비는 남자들보다 시간이 훨씬 더 걸리는 법이니까요. 그런데 남편은 얄궂게도 자기 준비만 끝나면 "난 준비 다 됐어요"를 외치며 차에 올라타 시동을 거는 것입니다. 부르릉거리는 시동 소리를 들으면 제 마음은 더욱 다급해집니다. 후다닥 전깃불을 끄고, 여기저기 널린 옷가지를 제자리에 걸어 놓고, 가져갈 물건들을 챙기면서, 코에 땀이 배도록 한바탕 부산을 떨고 나서야 헐레벌떡 차에 오를 수 있습니다. 이렇게 서두르다 보니 챙겨야 할 물건을 놓고 와서 오던 길을 다시 돌아가야 할 경우도 생기곤 한답니다. 그러면 저는 미안한 마음에 오히려 남편에게 이렇게 구시렁거리게 되지요.

"봐요! 당신이 너무 서두르니까 물건을 자꾸 잊고 오게 되잖아요. 어쩌면 그렇게 자기 몸만 쏙 빠져나올까? 뒷정리 같은 건 자기가 좀 하면 안 되나?"

이렇게 남편과 외출할 때 저의 스트레스는 이만저만이 아닙니다. 그런데 남편이 애용하는 말을 가만히 생각해 보면 참 신앙적이라는 생각이 듭니다. '나는 갈 준비가 다 되었다!'

갈 준비를 끝낸 사람. 떠날 준비를 마친 인생. 어느 날엔가, 예측하지 않았던 날 하나님께서 오라 하시면 "주님, 저 갈 준비 다 됐어요”라고 대답하며 미련 없이 이 세상을 떠날 수 있을까요? 저는 남편의 말을 들으면서 제가 맞이하게 될 마지막 순간을 떠올려 보곤 했습니다. 그리고 그 순간이 어느 날, 정말로 제게 찾아온 것입니다.

“떠날 준비 되었니?”

저를 찾아오신 주님께서 이렇게 물으셨습니다.

6년 전 일입니다. 허리에 통증이 있어 중년들이 흔히 겪는 요통이겠거니 하고 대수롭지 않게 생각했습니다. 걷기 운동도 하고 가벼운 스트레칭도 하면서 낫기를 기다렸는데 시간이 흐를수록 오히려 통증은 심해졌습니다. 그리고 나중에는 누워서 잠을 잘 수 없는 지경에 이르고 말았지요. 물리치료를 받는데도 통증이 점점 심해지자 근처 병원을 찾아가 엑스레이와 MRI 검사를 받게 되었습니다. 그리고 검사과정 중, 척추에 의심될 만한 흔적이 여러 군데 보이니 빨리 혈액검사를 해보라는 병원 측의 연락을 받았습니다. 마침 그 병원 연구교수인 의사분을 개인적으로 알고 있었는데, 미리 사진을 봐주겠다고 해서 그렇게 해달라고 했습니다. 그리고 그 의사분으로부터 뼈암 말기라는 판정을 받았습니다. 제 몸 어디선가 시작된 암이

척추까지 전이되어 길어야 6개월을 못 넘긴다는, 믿기지 않는
사망선고였습니다.

처음에는 실감이 나지 않았습니다. 이런 일이 내게도 일어난다는
사실에 묘한 기분이 느껴지기도 했습니다. 나름 침착해 보려고
애를 쓰기도 했지만 가슴이 쿵쿵거리고 밤에는 이 생각, 저
생각으로 잠이 오질 않았습니다.

그리고 죽음보다는 앞으로 찾아올 육체적 고통이 저를 더
무섭고 불안하게 했습니다. MRI 사진을 찍고 나오던 날, 병원
문 앞에서 마주친 창백한 환자의 얼굴이 떠올랐던 것입니다.
잠깐 마주쳤지만 텅 빈 듯한 그 눈빛…. 한쪽 다리 절반이 잘려
나가고, 그 대신 가느다란 철제 심을 박은 그 환자의 잔영이
뇌리에 남아 자꾸만 떠올랐습니다.

저는 떠날 준비를 하기 시작했습니다. 가족과 교회 식구들에게
유서를 썼고, 옷장과 사진첩 등 주변 정리를 시작했습니다.
그렇게 하나하나 주변을 정리하면서 새삼 깨닫게 되는 것이
있더군요. 그것은 이 땅 살림은 하나님 나라에서는 하나도,
정말 한 가지도 가치 있고 유용한 것이 없다는 사실이었습니다.
그곳에서는 이 땅의 것들이 정말 아무것도 필요 없었습니다.
"헛되고 헛되며 헛되고 헛되니 모든 것이 헛되도다"(전 1:2)라고

한 솔로몬의 고백이 제 안에서도 절로 쏟아져 나왔습니다.

그리고 저는 허무하고 허탈한 인생의 마지막 순간, 그 허무감을 넘어 정말 가치 있고 소중한 무언가가 제 안에 존재하고 있다는 것을 깨달을 수 있었습니다. 그렇습니다. 그 가치 있고 진귀한 보석은 바로 제 안에 계신 예수 그리스도셨습니다.

거룩하신 심판자 앞에 설 때, 제게 필요한 것은 세상 그 어떤 것도 아니었습니다. 제게 필요한 것은 바로 예수 그리스도 한 분뿐이셨습니다. 이 당연한 진리를 저는 그 순간처럼 확실하고 명료하게 깨달은 적이 없습니다.

이 깨달음을 머리와 입술만이 아닌 제 모든 존재로서 고백하게 하신 하나님! 순간 저는 이렇게 하나님 앞에 고백했지요.

"하나님, 감사합니다. 이 세상에서 소유하고 욕심냈던 것들이 영원한 하나님 나라에서는 무용지물임을 다시 깨닫게 하시니 감사합니다. 하나님 앞에서 꼭 필요한 하나! 예수님만이 세게 필요한 분임을 이토록 절절하게 깨닫게 해주신 하나님, 감사합니다. 부서지고 먼지가 될 이 질그릇 같은 인생 안에 보배이신 예수님을 선물로 주셔서 감사합니다. 실수투성이인 인생이었지만 저는 후회하지 않겠습니다. 제가 살았던 인생은 진실로 행복했습니다."

제가 이렇게 고백할 수 있었던 까닭은 단 한 가지, 바로 제
안에 계신 예수님 때문이었습니다. 특별히 자랑할 것도, 남이
부러워할 만한 성공을 거둔 인생도 아니지만, 제 가치가
바로 제 안에 계신 예수님이라는 생각에 가슴 설레도록
감격스러웠습니다.

그때 제가 감사의 눈물을 흘리며 부른 찬송이 바로 "주의
인자하심이 생명보다 나으므로 내 입술이 주를 찬양할
것이라"(시 63:3)라는 찬송시였습니다. 온 마음을 다해 이
찬송을 부르게 하신 하나님. 그 하나님께서 만에 하나 저를
낮게 하시거나 혹 지금 바로 데리고 가신다 해도, 제 영혼은
이미 안식과 평강으로 가득 차 있었습니다. 그 어떤 경우든
그분이 하시는 일은 완전하고 선하다는 고백을 드릴 수 있었기
때문입니다.

당신은 떠날 준비가 되었습니까?
주님은 밖에서 시동을 걸고 기다리시는데 아직 정리되지
못한 영혼의 살림살이 때문에 당황하고 불안해하는 사람이
되지 않기를 소원합니다. 언제라도 떠날 준비가 되어 있는
사람, 아침에 눈을 뜨면서부터 "난 준비 다 됐어요!"를 외치는

남편처럼, 우리도 한밤중이든 새벽이든 우리의 신랑 되신

주님께서 부르시면 모든 것 내려놓고 가벼운 몸과 마음으로

떠날 수 있기를 간절히 소망합니다.

“예, 주님! 준비됐습니다”라고 외치면서 말입니다!

볼륨을 높여요

이러므로 너희도 준비하고 있으라 생각하지 않은 때에 인자가 오리라(마 24:44).

오늘의 사연_

고통, 빛의 시간

길어야 6개월이라는 뼈암 사망선고를 받고 주변을 정리하는
2주의 시간을 보낸 후, 저는 지인의 도움으로 저명한 뼈암
전문의사를 다시 소개받게 되었습니다. 의사는 제 MRI 사진을
면밀히 살펴보더니 정확한 진단을 위해 척수정밀검사를
해보자고 했습니다. 저는 검사과정에서 일어날 수 있는
위험사항에 대한 설명서에 사인을 한 후, 의사들이 기다리고
있는 검사실로 들어갔습니다.

검사실 천장에는 긴 바늘들이 달린 커다란 기계가 매달려 있었습니다. 뼛속까지 스며드는 듯한 차가운 공기가 제 마음까지 얼어붙게 만들었습니다. 척추신경을 잘못 건드리면 장애가 올 수도 있다는 위험한 검사를 받기 위해 엎드려 기다리던 그때, 저는 장차 일어날 모든 일을 주님께 맡기는 기도를 드리지 않을 수 없었습니다. 그리고 기도드리는 순간, 형용할 길 없는 평안이 제 안에 고이더니 두려움이 사라지기 시작했습니다.

"아무것도 염려하지 말고 다만 모든 일에 기도와 간구로, 너희 구할 것을 감사함으로 하나님께 아뢰라 그리하면 모든 지각에 뛰어난 하나님의 평강이 그리스도 예수 안에서 너희 마음과 생각을 지키시리라"(빌 4:6-7). 수술을 앞둔 성도를 심방할 때마다 들려주었던 빌립보서 말씀이 제 마음속에 명료히 떠오르는 순간이기도 했지요.

척수검사 결과, 제 병은 뼈암이 아닌 '넌 호지킨스 라지 비셀 림포마'라는 병으로 판명이 났습니다. 의학 용어로는 복잡하지만 쉽게 말하면 악성 림프종이라 합니다. 이 암은 급격히 진행되는 것으로, 림프종의 유형 중 고위험군에 속한다고 합니다. 저는 암이 척추 속을 비롯해 전신에 퍼진 4기였습니다. 사진만으로는 영락없는 뼈암 말기였는데 척수검사를 해보니 림프종 4기라는

것이었지요. 의사는 뼈암이었다면 가망이 없지만 림프종은
약물에 반응만 한다면 좋은 예후를 기대할 만하다고 했습니다.
저는 화학치료를 받으면서 투병생활을 시작했습니다.

암 환자들이 흔히 그러하듯, 저도 약물 부작용으로 머리카락이
모두 빠지고 말초신경 문제로 잘 걷지 못했습니다. 밤에는 수면
장애가 찾아왔습니다. 면역력 저하로 감염이 잦았고, 단위가
높은 스테로이드 복용으로 인해 보름달처럼 퉁퉁 부은 얼굴로
고통스러운 시간을 견뎌야 했습니다.

머리는 민둥산에 눈썹은 다 빠져 전체적으로 밋밋하고 이상한
제 모습을 물끄러미 쳐다보고 있는 제게 남편이 던진 한마디.

"아아! 우리 집은 승려랑 목사가 한집에서 사이좋게 사네그려?"
한 번이라도 더 웃게 해주고 싶어 제게 던진 남편의 유머입니다.

치료 횟수가 더해 갈수록 몸은 그만큼 힘들어졌지만, 육신의
고통이 하나님께서 주신 영혼의 기쁨까지 빼앗아 가지는
못했습니다. 주중에는 집으로 여교우들을 초대해《내 생애
마지막 한 달》이라는 책을 교재로 만남의 시간을 갖기도
했습니다.

투병하는 동안 하나님께서는 교우들과 주변 지인들을 통해 저를
응원해 주셨고 힘을 더해 주셨습니다. 따뜻한 격려와 사랑이

가득 담긴 카드와 편지들, 얼굴도 모르는 분들의 격려의 메일들,
배달되어 온 꽃다발, 건강을 생각해서 조리한 특별한 음식들
그리고 무엇보다 눈물로 간구한 뜨거운 기도가 저에게는 분에
넘치는 사랑이고 은혜였습니다. 저는 그 사랑에 힘입어 힘든
치료를 잘 받을 수 있었고, 완쾌된다는 확실한 약속은 없었지만
'사나 죽으나 나는 주님의 것'이라는 고백을 드리며, 믿음을 지켜
나갈 수 있었습니다.

그리고… 치료기간에 저는 생각지도 못한 또 하나의 큰 은혜를
경험하게 되었습니다. 그것은 하나님께서 제 육신의 병뿐 아니라
영혼의 병을 보여 주고 치료해 주셨다는 것입니다. 제 영혼
깊숙한 곳에서 자라고 있는 무서운 암덩어리들을 저는 눈치채지
못하고 있었습니다. 그런데 하나님께서는 그것들을 들추어
내시고 성령님을 통해 수술해 주고자 기다리고 계셨던 것입니다.
치료과정을 모두 마친 지 얼마 안 된 어느 날 아침, 말씀을
묵상하고 기도하던 중 느닷없는 회개의 기도가 나오기
시작했습니다. 스스로는 그칠 수 없는 회개가 터져 나오기
시작한 것이지요. 하나님의 의로운 빛 가운데 드러난 영혼의
모습! 거룩하신 하나님 앞에 드러난 제 영혼의 모습이 얼마나
충격적이었던지요. 어려운 시간을 믿음으로 잘 이겨 냈다고

자부하며 믿음의 용사라도 된 듯 들떠 있는 그때, 성령님께서
보여 주신 제 모습은 정말 의외였던 것입니다.

저도 알지 못하는 사이에 무섭게 번식하여 자라고 있는 영혼의
암덩어리를 성령님께서는 빛으로 드러내셔서 그 실상을 보여
주셨습니다. 그것은 여러 이름을 지닌 중증의 병이었습니다.
교만과 자아성취 욕구라는 암세포, 매너리즘에 빠진 형식적인
신앙행태, 특권의식과 이중성이 농후한 바리새인적 병세….
육신의 병보다 더 무섭고 치명적인 영혼의 암덩어리가 제
영혼에 똬리를 틀고 있었던 것입니다. 하나님께서 이 모든 것을
가차 없이 들추어 내어 치료해 주시는 시간. 저는 제 육신을
갉아먹고 자란 암뿐 아니라 제 영혼에 뿌리를 내리고 견고한
진을 치려 했던 암세포들까지, 오랜 시간 대수술을 받으며
고통의 시간을 경험하게 되었던 것입니다.

그리고 저는 그 시간을 통해 무엇보다 하나님 앞에서 저 자신이
얼마나 무용한 존재인지 깨닫게 되었습니다. 입술로는 하나님
없이 나는 아무것도 할 수 없는 연약하고 부족한 존재라고,
그래서 주님이 도와주셔야 살 수 있다고 늘 투정부리듯 기도해
왔지만, 마음 깊은 곳에서는 유용하고 쓸모 있어 보이는 존재가
되기 위해, 그리고 사람들로부터 인정받기 위해 끊임없이 애써

왔음을 깨달았습니다. 하나님께서 부어 주시는 능력과 힘을 구하는 것이 당연하다고 믿어 왔는데, 실은 그 동기가 제 존재의 유용성을 구하기 위함이었다는 사실을 깨닫자 어디로든 숨고 싶을 정도로 저 자신이 부끄러워졌습니다.

그동안 저도 모르는 사이에 100퍼센트인 하나님의 은혜를 갉아먹고 있었던 것입니다. 신앙 체험이, 신앙 연륜이, 나의 기도와 성경 지식이, 선행과 노력과 헌신이 30퍼센트, 60퍼센트, 80퍼센트로 자라나, 어느 순간 나의 의가 나를 구원하고 있노라고 엄청난 착각을 할 뻔한 것입니다. 결국 저는 하나님의 은혜가 필요 없는 존재가 되어 있었던 것입니다. 아! 하나님 앞에 이보다 더 큰 죄악이 어디 있을까요!

우리의 유용성을 통해 하나님의 능력이 드러나는 것이 아니라, 철저한 자기부인과 자신에 대한 무용성을 절감함으로 하나님은 비로소 인간 자신의 유용성을 넘어서는 새로운 삶으로 부르신다는 깨달음. 이 사실을 머리로가 아닌 삶으로 체험했던, 아프고 부끄럽지만 제게는 꼭 있어야 할 시간이었음을 고백합니다.

고통은 하나님께서 저에게 주신 과분한 선물이었습니다. 고통은 하나님과 공감하는 귀한 통로였기 때문입니다. 삶의 모든 소음을 가라앉히고, 십자가상에서 들려오는 그분의 신음소리를 듣는 시간… 고통은, 제게 그런 귀한 체험이었습니다!

ⅲ 볼륨을 높여요

고난당한 것이 내게 유익이라 이로 말미암아 내가 주의 율례들을 배우게 되었나이다 주의 입의 법이 내게는 천천 금은보다 좋으니이다(시 119:71-72).

오늘의 사연_

제자리

"여보, 여보! 이리 좀 와봐요. 어머, 어쩜! 애가 웬일이래요?

야아! 정말 신기하다!"

"아니, 뭔데 그래? 무슨 일이야?"

"이것 좀 봐요!"

무슨 일인가 하여 달려온 남편에게 창가에 놓인 화분을 보여

주었습니다.

"애가 드디어 꽃을 피우려나 봐요! 여기 이쪽 애는 조금 있으면

꽃이 피겠네! 정말 신기하죠? 도대체 몇 년 만이래?”

남편도 여기저기 소담스럽게 꽃망울을 맺고 있는 화분을 신기한

듯 이리저리 들여다보았습니다.

“당신, 그렇게 정성을 들이더니… 그 정성이 통했나 보네?

성공을 축하해요!”

몇 년 전, 선인장 화분이 처음 우리 집에 왔을 때, 저는 이

선인장에 만발한 꽃에 매료되어 탄성을 질렀습니다. 마디마디

분홍빛이 감도는 꽃송이들이 공작새 꼬리마냥 흐드러지게 피어,

집안 분위기를 얼마나 화사하게 만들어 주던지요!

그런데 이 선인장 꽃송이가 1년이 지나고 2년이 지나면서

점점 시들해지는 것이었습니다. 몇 송이 희미하게 맺히다가

금방 시들시들 져버리고, 그러다 결국 아예 꽃피우기를

잊어버리기라도 한 듯 사시사철 시퍼렇게 이파리만

무성했습니다.

물을 잘못 주었나, 아니면 영양이 부족해서인가 하여 흙을 갈아

주고 비료도 주며 꽃피우기를 기다렸습니다. 그러나 제 마음은

아랑곳하지 않은 채, 선인장은 기나긴 잠을 자는 듯했습니다.

무려 7년이라는 세월을 꽃 한 송이 피우지 못하고 깊은 침묵에

잠겨 있었지요. 그러다가 저도 결국 포기하고 말았습니다.

그러던 어느 날, 성도님 댁에 심방을 갔다가 저희 집과 똑같은 선인장이 마디마디 꽃송이를 화사하게 피어올린 채 아름다운 자태를 뽐내고 있는 것을 보았습니다. 성도님 댁 선인장과 저희 집 선인장이 비교되어 아무래도 제가 무언가 잘못하고 있다는 생각이 들었지요.

그래서 집에 돌아오자마자 인터넷으로 선인장 키우는 법을 찾아보았습니다. 물은 아주 마르지 않을 정도로 일주일에 한 번씩 주고, 반투명 창으로 햇볕이 잘 드는 곳에 두라고 하더군요. 물은 맞게 준 것 같은데⋯. 혹시 아침 볕만 잠깐 들어오는 곳에 놓은 것이 원인일까 싶어, 결국 자리를 옮겨 주기로 했습니다. 집 안에서 가장 햇볕이 잘 드는 곳이 어디일까 두루 살피다가 집에서 가장 밝은 방에 화분을 옮겨다 놓고 창문에 반투명 종이 커튼을 쳐주었습니다. 그렇게 자리를 바꿔 주고 얼마 후, 물을 주러 갔다가 저는 제 눈을 의심했습니다. 소담하게 물오른 어여쁜 꽃망울을 발견한 것입니다! 선인장 마디마디에 탐스런 꽃봉오리들이 쏙쏙 올라와 있는 모습을 보니 기적 같았습니다. 7년 세월 잠들어 있던 꽃이 이제서야 눈을 뜨다니! 그리고 며칠 후, 그 꽃봉오리들이 터지면서 아름다운 분홍 빛깔의 꽃들이 만개할 때, 저는 카메라를 들이대고 요리조리 각도를 달리하며 마치 모델 촬영하듯 그렇게 수선을 떨었지요. 첫 봉오리가 터져 꽃을 피웠을 때 얼마나 놀랍고 기쁘던지요! 몇 년째 꽃을 피우지 못한 선인장이 멋지게 만개하는 모습을 보면서 저는 한 가지 중요한 사실을 깨달았습니다.

그것은 바로 '제자리'였습니다.

선인장이 있어야 할 자리는 햇볕이 잘 드는, 그러나 직사광선이 아닌 반투명한 광선이 비추는 곳이어야 했습니다. 아무리 물을 주어도 제자리가 아니니 자신의 모습을 있는 대로 드러내지 못한 것입니다. 꽃을 피울 수 없었던 것이지요. 저는 선인장에게 미안한 마음이 들었습니다. 저렇게 예쁘게 꽃을 피울 수 있는데 제 무지로 인해 무려 7년이라는 세월을, 꽃을 못 피우는 것으로 무시하여 포기하고 있었으니까요!

어디 화초뿐일까요? 사람도 마찬가지라는 생각이 듭니다. 사람마다 자기에게 맞는 자리, 제자리가 있습니다. 어떤 사람이 자기에게 맞지 않는 자리에 있다면 저희 집 선인장처럼 어쩌면 영원히 꽃을 피우지 못한 채 안타까운 상태로 머물러 있게 될 수도 있습니다. 아름다운 본모습을 아무도 알아채지 못하고 말입니다.

우리 그리스도인의 삶에도 제자리가 있다는 생각을 해봅니다.

시편 1편에 나무 한 그루가 등장합니다. '시냇가에 심긴
나무'입니다. 이 나무는 시절을 좇아 열매를 맺으며 잎사귀가
마르지 않는다고 합니다. 가뭄이 들어도 걱정이 없고 더위가
와도 잎이 청청하며 결실이 그치지 않습니다. 나무는 땅에
굳건히 뿌리를 내립니다. 그 나무 그늘에 거하는 자들은
쉼을 얻고 풍성한 열매를 나누어 먹습니다. 제자리를 찾은
나무입니다. 만약 이 나무가 사막이나 가시덤불이 있는 광야에
심겼다면 이처럼 푸르지 못했을 것입니다. 얼마 못 가 시들시들
마르고 결국 죽게 되겠지요.

그리스도인의 자리는 어디일까요? 답은 여러분께서 너무나 잘
알고 계실 것입니다. 그 자리는 하나님 안에 거하는 자리입니다.
하나님의 말씀을 즐거워하고 그분의 은혜 안에 머무는 자리.
그 자리에 있어야 제대로 살 수 있습니다. 비로소 아름답고
향기로운 꽃을 피어올릴 수 있는 것입니다. 은혜가 없는 메마른
땅에 서 있다면 우리의 영혼은 조금씩 시들어 가고, 내가
누구인지, 무엇을 위해 살아야 하는지 잊어버린 채 결국 저희 집
선인장처럼 열매 없는 삶을 살 수밖에 없을 것입니다.

여러분이 계신 지금의 자리는 어디인지요? 혹 있어서는 안 될
자리에 계신 것은 아니겠지요? 자신이 있는 자리가 어디인지 늘

살펴보기 원합니다. 혹 지금의 자리가 악한 자들의 꾀를 따르는 자리에 있는 것은 아닌지, 혹 나도 모르게 죄의 그늘진 자리에 있지는 아니한지, 아니면 은근히 나 자신을 높이는 오만한 자리에 있지는 않은지…. 만약 그렇다면, 지금 곧 그 자리에서 벗어나 하나님께서 기뻐하시는 풍성한 은혜의 자리로 옮겨 가시기를 원합니다. 하나님의 자녀는 있어야 할 자리에 있지 않으면 영혼에 병이 듭니다. 영혼의 병은 우리의 삶을 피폐하고 불행하게 합니다.

지금 여러분은 어떤 자리에 있습니까?

꒰꒰ 볼륨을 높여요

그는 시냇가에 심은 나무가 철을 따라 열매를 맺으며 그 잎사귀가 마르지 아니함 같으니 그가 하는 모든 일이 다 형통하리로다(시 1:3).

오늘의 사연_

딸의 편지

제게는 딸이 하나 있습니다. 딸이 대학생활 마지막 한 해를 앞두고 있던 어느 날, 저는 딸아이로부터 편지 한 통을 받았습니다.

엄마, 아빠! 보내 준 카드랑 과자 그리고 책 너무 고마워요. 예쁘게 포장한 것 보고 기분이 참 좋았어요. 엄마가 쓴 카드하고 아빠가 남긴 전화 메시지 때문에 엄마, 아빠가 더 보고 싶네요. 그런데 아빠, 엄마!

요즘 나는 왜 이렇게 슬픈지 모르겠어. 왜 그런지 이유를 몰라서 더 힘이 들어요. 감사할 것은 너무 많은데, 어떨 때는 그냥 끝내고 싶어요. 별로 살기가 싫어.

이 세상에서 하나님을 위해 산다는 것이 너무 어려워요. 그렇지만 하나님과 떨어져 살기는 절대로 싫어요. 이런 내 마음 이해가 되세요? 오클랜드에서 1년 동안 빈민 선교를 했지만 하나님의 능력을 경험하지 못했어요. 내가 기도를 덜 했나? 믿음이 적었나? 무엇을 얼마나 다르게 했으면 다른 사람들은 하나님의 손을 보았다고 할까요? 기대가 없으면 실망도 없으니까 차라리 그냥 아무것도 소망 안 하는 게 더 쉬울 것 같아. 하지만 소망 없이 사는 것은 정말 우울해.

믿음이 어쩜 이렇게 없을까? 아빠, 엄마. 이렇게 이상한 소리 하면서도 내 마음 깊은 곳에서는 예수님을 너무너무 사랑해서 가슴이 아파요. 하나님을 생각하면 누가 마음을 찌르는 것 같아. 하나님하고 너무 오랫동안 대화를 해서 하나님은 나의 아버지, 어머니, 친구, 사랑 모두 다야! 그러면서도 왜 나는 재미있게 살아가지 못할까? 행복, 기쁨, 재미… 이런 것은 왠지 나에게는 낯설기만 해요. 왜 그렇지? 너무 이상해요. 엄마, 아빠! 제가 이렇게 이상한 사람이라서 미안해요. 그렇지만 엄마, 아빠 빼고는 이렇게 속마음을 털어놓고 이야기할 사람도 없어.

꼭 그리스도인이 아닌 사람같이 생각하고 말하지요? 나는 내
인생에서 하나님의 능력을 안 보고 살 거면 그냥 죽는 게 낫다고
생각해. 계속 기도해 주세요. 사랑해! 엄마, 아빠 너무 사랑해!
하나님의 얼굴이 엄마, 아빠 안에서 나한테 나타나! 이것 읽고 놀라지
마세요. 요즘 특별히 어려워서 그래요….

또박또박 한글로 단정하게 써 내려간 딸아이의 편지였습니다.
편지를 받아 들고 저는 한동안 망연자실했지요. 편지에서 전해져
오는 딸아이의 아픔이 그대로 제 가슴에 화살처럼 박혀 왔기
때문입니다. 활기차고 신나게 보내야 할 젊음의 나이에 딸은
무엇 때문에 이토록 괴로워하고 아파하는 것일까? 저는 딸의
깊은 마음속을 들여다보고 싶어 몇 번이나 편지를 되풀이해
읽었습니다.
자신의 인생 중 가장 소중한 시간을 하나님께 드리고 싶다며
1년을 도시빈민 선교에 헌신한 딸. 그렇게 하나님을 사랑하고
열심을 내던 딸이 왜 갑자기 이런 영혼의 침체를 겪고 있는
것일까? '이대로 끝마치고 싶다'고 하는 딸에 대한 걱정과
연민으로 저는 어찌할 바를 몰랐습니다.

저는 딸에 대한 염려를 주님 앞에 내려놓기로 했습니다. 그리고
딸을 마음에 품고 기도하는 마음으로 편지를 썼습니다.

사랑하는 은아야, 솔직히 엄마는 은아의 편지를 받고 조금 놀라고
당황했어. 엄마는 은아의 아픔을 같이 느끼고 싶어 몇 번이나
편지를 다시 읽었단다. 그리고 엄마는 은아 나이 때 어땠나 엄마
자신을 돌이켜 보았지. 은아야! 은아는 하나도 이상한 사람이
아니야. 엄마도 은아와 다르지 않았음을 발견했거든. 그 시절 엄마도
은아와 비슷한 고민으로 괴로워했던 기억이 나. 엄마는 어릴 때부터
교회를 다녔지만 '정말 하나님은 살아 계실까? 하나님은 사람들이
만들어 낸 허상이 아닐까? 설사 하나님이 살아 계시더라도 저 멀리
우리 인간들과는 상관없이 존재하는 그런 분은 아닐까?' 생각하며
하나님에 대한 그치지 않는 의문과 회의, 의심에 싸여 있었단다.
은아야, 엄마는 너의 방황과 갈등을 사랑한다. 많이 생각하고
많이 아파하고, 낙심과 회의의 깊고 어두운 골짜기를 인내하며 잘
지난다면, 살아 계신 하나님, 임마누엘 하나님께서 은아를 붙잡고
일으키시리라 믿기 때문이야.
믿음은 신뢰란다. 하나님은 신뢰할 분이지 이성으로 증명할 대상이
아니야. 보이는 것, 증명되는 것들이 확실한 것 같지만, 영원한 것은

오히려 보이는 실체 뒤에 숨어 있단다. 보이는 것은 나타난 것으로
된 것이 아니요, 보이지 않는 하나님의 지혜와 능력으로 움직이고
있음을 성경은 말하고 있지.

보고 듣고 확인하고, 그래서 믿는다면 그것은 믿음이 아니란다.
보이지 않지만 우리가 하나님께 열려 있기만 하면 느낄 수 있는 것이
그분의 능력이야. 마치 아름다운 한 폭의 그림을 보며 그 그림을
그린 화가를 연상하듯이, 한 점 흐트러짐 없는 정확한 우주 질서와
삼라만상의 아름다움 그리고 인간 자신을 바라본다면, 어찌 그
지으신 이가 마음속에 떠오르지 않을 수 있겠니?

사랑하는 은아야! 믿음으로 산다는 것은 우리 인생 가운데 하나님만
하실 수 있는 일이 있음을 인정하고 하나님께서 하시도록 신뢰하고
맡기는 거야. 하나님 몫까지 우리가 걱정하고 해결하려 한다면
그 인생이 얼마나 힘들고 버겁겠니? 은아가 그토록 보기 원하는
하나님의 능력이란 어떤 것일까? 그래, 엄마는 은아가 무엇을
말하는지 알 것 같아.

은아가 경험한 1년은 은아가 살아온 20여 년의 세상과는 전혀
다른 낯선 얼굴이었지? 평생 빠져나올 수 없을 것 같은 가난과
질병, 마약과 학대받는 아이들…. 은아는 불공평한 세상을 향해
소리를 지르고 싶다고 했지? '하나님! 하나님은 지금 어디 계시는

겁니까? 이걸 보고 계신다면 가만히 계셔서는 안 되지요!' 이렇게
외치고 싶었는지도 몰라. 그들을 떠나 오고 지금까지 은아가 그렇게
힘들어하고 아파하는 것은, 은아가 지금도 그들의 고통스러운 삶을
기억하며 마음으로 그들과 함께하고 있기 때문이라고 엄마는 생각해.
사랑스러운 은아야! 하나님께서 은아를 그곳에 부르셨을 때는
하나님의 선하신 뜻이 분명히 있었을 거야. 주님은 은아가 아파하는
그 이상으로 그들을 안타깝게 바라보고 계신다는 것 알고 있니?
은아의 아픔은 누가 주신 것일까? 하나님께서 그런 마음을 지닌
은아를 통해 하고 싶으신 일은 어떤 것일까?
은아야, 그래서 엄마는 은아의 갈등과 회의를 존중하고 싶구나.
엄마는 은아를 위해 기도하며 기다릴 거야. 엄마는 은아가 머무는
그곳에 함께하지 못하지만, 은아를 사랑하시는 예수님은 지금 우리
은아 곁에 누구보다 가장 가까이 계시다는 걸 잊지 말기를 바란다.
사랑한다, 은아야!

그 후, 딸은 무엇을 위해, 무엇을 하며 살 것인지 고민하다가
대학을 졸업하고 아빠가 나온 신학대학원에서 상담학을
공부하게 되었습니다. 그리고 인턴 기간을 마친 뒤, 마음과
영혼이 병든 사람들을 하나님의 사랑으로 돌보고 그분의

능력으로 치유하는 일을 해왔지요. 지금은 두 아이의 엄마가
되어 어린 자녀들을 양육하는 일에 집중하고 있지만, 하나님을
사랑하고 사람을 사랑하며 세상을 축복하는 통로로 살아가기를
원하는 마음에는 변함이 없을 것입니다.

딸의 갈등과 회의는 앞으로 또 다른 모양으로 찾아올 것입니다.
그러나 딸은 그렇게 하나님을 알아 가고 경험하며 하나님 손에
들린 토기 그릇처럼 아름답고 정결하게 다듬어지고 빚어져 갈
것임을 믿습니다. 딸의 참 보호자 되신 하나님! 육신의 부모보다
딸을 더 잘 아시고 사랑하시는 하나님께 사랑하는 딸을 온전히
맡겨 드립니다.

ⅢⅢ 볼륨을 높여요

여인이 어찌 그 젖 먹는 자식을 잊겠으며 자기 태에서 난 아들을 긍휼히 여기지
않겠느냐 그들은 혹시 잊을지라도 나는 너를 잊지 아니할 것이라(사 49:15).

오늘의 사연_

5월의 비보

5월 어느 날, 워싱턴 주 지방 신문에 국제 결혼한 30대 중반의
한국 여성이 목을 매어 자살했다는 기사가 신문 귀퉁이에
실렸습니다. 세상 사람들의 관심을 끌지 못하고 잊혀진 조그만
사건이 되었지만, 저는 이 여인의 죽음 소식을 접하고 큰 충격에
빠지지 않을 수 없었습니다. 여인의 이름은 동숙.
이 여인은 사실 저와 먼 친척뻘 되는 대여섯 살 손위의
언니였습니다. 언니는 어린 시절을 불우하게 지냈습니다.

아버지가 일찍 돌아가셔서 경제적 어려움 때문에 학교도 제대로 다니지 못했지요. 그리고 계부 밑에서 학대를 받으며 자라다 결국 가출하게 되었습니다. 십 대에 집을 나왔으니 세상물정 노르는 언니는 세상풍파 속에서 온갖 고생을 했습니다. 우여곡절 끝에 언니는 미국 장교였던 남편을 만나 결혼을 하고 미국으로 가게 되었지요. 두 아들을 낳고 그럭저럭 미국 생활에 적응해 갔습니다.

어렸을 때 저도 언니를 서너 번 본 기억이 납니다. 집안 결혼식이나 잔치 자리에서 본 언니는 깡마른 몸에 조그마한 얼굴, 유난히 까맣고 커다란 눈망울을 가진 예쁜 소녀였습니다. 언니가 결혼해서 첫아이를 낳고 미국으로 가기 전, 저희 집에 찾아온 적이 있습니다. 허리까지 내려오는 긴 생머리를 늘어뜨리고 화장을 곱게 한 언니의 얼굴은 행복해 보였지요. 그리고 저는 한동안 언니의 소식을 듣지 못했습니다. 동숙 언니라는 친척이 있었는지조차 까먹을 정도로 언니는 제 기억 속에서 서서히 잊혀졌습니다.

그러던 어느 날, 생각지도 않게 언니로부터 전화를 받게 되었습니다. 제가 남편을 따라 미국으로 왔을 때의 일입니다. '충희가 미국에 있으니 한번 연락해 보라'고 언니의 어머니가 일러 주었다며 제게 전화를 한 것입니다. 언니는 낯선 미국에 와서 공부하느라 얼마나 고생이 많냐며 제 안부를 묻고 걱정해 주었습니다. 한번은 커다란 소포를 받았는데 언니가 보내 준 것이었습니다. 상자 안에는 라면과 고추장 등 한국 음식이 잔뜩 들어 있었습니다. 그렇게 언니는 정이 많고 마음이 여린 사람이었습니다.

언니는 아주 가끔, 잊을 만하면 연락을 했습니다. 처음에는 안부를 묻는 정도의 가벼운 내용이었는데, 차츰 언니의 불행한 결혼생활에 대해 풀어 놓기 시작했습니다. 친절하고 자상하게 잘 챙겨 주던 남편이 언제부턴가 냉정해지더니 자기를 무시하는 언행을 한다는 것이었습니다. 조금만 언니 자신의 의견을 이야기하면 고분고분하지 않다고 손찌검까지 하는 것 같았습니다. 언니는 울면서 말했습니다.

"충희야, 이젠 아이들마저 나를 무시한다. 지 아빠와 한편이 되어서 나를 무시하니 내가 어떻게 사니? 자기들끼리 낚시 가고, 자기들끼리 야구 구경 가고…. 일부러 나만 소외시키는 것 같아. 그리고 충희야, 아무래도 남편한테 새 여자가 생긴 것 같아…."

언니는 감정이 격해져서 말을 잇지 못하고 흐느껴 울기 시작했습니다. 멀리 떨어져 사는 언니를 만날 수도 없고 전화로 어떻게 위로해 주어야 할지 몰라 저는 마음이 아팠습니다.

"언니! 많이 힘들겠다…. 어쩌니! 언니 곁에 누군가 도와줄 사람이 있으면 좋을 텐데…. 믿을 만한 친구 없어? 언니, 그 동네에 한인 교회 없어? 한국 사람도 많이 산다며? 부탁인데, 교회 한번 나가 봐. 교회에 가면 분명 언니에게 도움을 줄 사람을 만날 수 있을 거야. 그렇게 혼자 고민하지 말고…. 알았지? 꼭이다, 언니야!"

멀리 있는 언니에게 제가 해줄 수 있는 말은 고작 교회에 나가 보라는 말뿐이었습니다. 저는 언니가 걱정되고 교회를 가보았는지 궁금해서 주일이 지나고 전화를 했습니다. 언니는 교회에 가보았다고 했습니다. 그런데 아무도 자신에게 관심을 주지 않더라고 했습니다. 낯설고 어색하고 자기만 이방인인 것 같아 외롭기까지 했다고 했습니다. 저는 언니의 말을 듣자 가슴이 답답해지고 속이 상했습니다.

"언니! 교회가 너무 커서 그런가 보다. 다른 작은 교회는 근처에 없어? 언니야, 한 번 가보고는 모르니까 조금만 참고 다녀 봐. 목사님 말씀도 잘 들어 보고! 응?"

언니는 제 말에 용기를 얻어 다른 교회에 가보았습니다. 그러나 작은 교회에서도 언니는 환영받지 못했다고 했습니다. 텃세를

부리는가 하면, 어떤 사람은 언니의 차림새를 훑어보고 싸늘한
표정을 짓더라고 했습니다.

"언니가 처음 나가서 사람들 반응에 너무 신경 쓰느라 오해한 건
아닐까? 설마 그랬으려고…."

"아니야, 충희야. 교회가 더 냉정하고 사람 차별하더라. 은근히
깔보는 시선들 있지? '여기가 어디라고, 여기는 너 같은 사람이
오는 데가 아냐.' 꼭 그런 눈빛이었어…."

우울증 증세를 보이는 언니가 마음이 놓이지 않아 저는 어떻게
해서든 교회로 인도하려고 언니를 설득했습니다. 조금만 참고
교회에 나가 보라고 권하는 저에게 언니는 그러겠노라고 힘없이
대답했습니다. 그랬는데… 그리고 얼마 뒤, 언니의 죽음 소식을
듣게 된 것입니다. 언니는 남편과 두 아들이 낚시를 간 사이
지하실에서 스스로 목숨을 끊었습니다.

언니의 소식을 듣고 저는 한동안 불면증에 시달렸습니다. 긴
머리를 풀어 헤치고 창백한 얼굴로 슬픈 표정을 짓고 있는
언니의 모습이 자꾸만 떠올랐습니다. 무슨 방법으로든 조금만
더 적극적으로 언니를 도와주었으면 좋았을 걸…. 전화로라도
복음을 전해 주었다면 이런 극단적인 상황은 벌어지지
않았을지도 모른다는 생각에 저는 자책감과 후회로 많이 힘들고

마음이 아팠습니다.

그날, 언니가 세상에서 살아갈 마지막 구원의 끈을 찾기 위해 교회에 출석한 그날, 누군가 언니 손을 따뜻하게 잡아 주었더라면…. 누군가 한마디 말이라도 친절하게 해주었더라면…. 누군가 한 사람이라도 눈을 마주치고 웃어 주며 다음 주일에 꼭 다시 만나자고 인사해 주었더라면…. 어쩌면 언니는 죽음에 이르지 않았을지도 모릅니다. 누군가를 통해 복음을 듣고 하나님의 사랑을 깨닫고 하늘 나라의 소망을 간직한 자로 새로 태어났다면, 언니는 그렇게 세상에서 외로운 영혼으로 사라지지는 않았을 것입니다.

교회는 가진 자나 못 가진 자, 배운 자나 못 배운 자와 관계없이 하나님 앞에서 믿음의 식구가 되는 곳이라는 것을 우리는 잘 알고 있습니다. 하나님 앞에서는 어떠한 자격이나 차별이 있어서는 안 된다는 것도 너무나 잘 알고 있습니다.

저는 그러한 건강한 교회를 하나 알고 있습니다. 어느 회사 회장님과 그분의 운전 기사가 같은 교회에 다니고 있었는데, 그 교회에서 장로 선출이 있었습니다. 그런데 회장님은 장로 투표에서 떨어지고 운전 기사가 장로로 선출되었습니다. 그 이후 회장님은 교회 안에서는 자신의 운전 기사를 깍듯이 장로님으로 존경하고, 회사에서는 운전 기사인 장로님이 성실함으로 회장님을 모시는 모습을 보았습니다. 제가 평신도라면 이런 교회에 다니고 싶을 것입니다.

저는 매주 주일 아침이면, 집사님들과 함께 교우님들을 환영하며 새로 오시는 분들을 안내하고 있습니다. 부족하지만, 교우님들 한 분 한 분 진심으로 환영하며 미소로 맞이하려고 노력하고 있지요. 어느 날인가 혹 우리 동숙 언니 같은 사람이 교회 문을 열고 들어설 때, 반갑게 달려 나가 손을 잡고 정말 잘 왔다고 따뜻한 말 한마디 건네며 맞아 주고 싶습니다. 작은 미소가, 진심을 담은 환영이 어느 외롭고 힘든 영혼에게 위로의 손길이 되기를 바라고 기도하며, 저는 오늘도 교회 문 앞에서 또 다른 동숙 언니를 기다립니다.

ⅲⅰ 볼륨을 높여요

내 형제들아 영광의 주 곧 우리 주 예수 그리스도에 대한 믿음을 너희가 가졌으니 사람을 차별하여 대하지 말라…만일 너희가 사람을 차별하여 대하면 죄를 짓는 것이니 율법이 너희를 범법자로 정죄하리라(약 2:1, 9).

오늘의 사연_

쇠잔함 속의 가치

제 남편의 형제는 5남 1녀, 모두 여섯 형제입니다. 남편은 그중 셋째로 태어났지요. 남편은 세 살 위인 둘째 시숙님을 무척이나 좋아하고 따랐습니다. 그런데 남편이 그렇게 좋아하던 둘째 시숙님은 루게릭이라는 불치병에 걸리고 말았습니다. 루게릭은 근육이 점점 약해져서 온몸이 무력해지고, 결국 생명을 잃게 되는 치명적인 병입니다. 시숙님은 얼마 후, 목 근육이 말을 듣지 않아 음식 넘기기를 힘들어하시더니 다음에는 말을 하지

못하시고, 그러다가 다리 근육도 점차 빠지면서 누워 지내게

되셨습니다.

둘째 시숙님은 '법이 없어도 살 사람'이라는 말을 들으실 만큼

선량하고 올곧은 분이셨지요. 은퇴하시기 전까지 방송사와

신문사에서 일하셨는데, 제가 결혼한 후에도 남편은 둘째 형님

이야기를 자주 하며 존경과 사랑의 마음을 표현하곤 했습니다.

"여보, 형은 지금 생각해도 참 고마운 사람이야. 내가 대학교

다닐 때 가끔 방송국으로 찾아가면 내 주머니에 용돈을 넣어

주곤 했어. 그때 월급쟁이 한 달 월급이 얼마였는 줄 알아?

형도 빠듯하고 힘들었을 텐데 용돈을 정말 넉넉히 챙겨 줬어.

그게 어디 쉬운 일이겠어? 형한테 미안해서 그냥 놀러왔다고

해도 돈이 필요해서 찾아온 걸 눈치채고, 말 없이 내 주머니에

용돈을 넣어 주었지. 지금 생각해도 형의 따뜻한 마음이 얼마나

고마운지 몰라."

시숙님은 몇 해 전 대장암에 걸려 수술을 하신 적이 있습니다.

감사하게도 시숙님은 힘든 치료를 잘 이겨 내고 완전히

회복하셨지요. 투병 후 직장을 정리한 시숙님은 그동안 게을리한

신앙생활에 정진하셨습니다. 남은 인생을 어떻게 살아갈 것인지

고민하던 시숙님은 노숙자들에게 식사를 제공하는 사역에

동참하셨지요. 수년 동안 길거리에서 밥을 나누며 이웃을 위해
봉사하셨고 사랑을 실천하기 위해 노력하셨습니다.

그렇게 하나님과 이웃을 위해 남은 삶을 헌신한 시숙님. 그런데
그런 분이 또 다른, 그것도 희귀한 불치병에 걸리고 마셨으니
병든 육체와 더불어 마음의 고통은 이만저만이 아니었을
것입니다. 시숙님은 암담한 현실을 마주하며 결국 신앙에
대해서도 깊은 회의와 절망에 빠지고 말았지요.

미국에 있던 저희 부부는 시숙님의 소식을 듣고 귀국했습니다.
그러나 시숙님을 뵈었을 때는 이미 말씀을 하지 못하는
상태였습니다. 저희를 바라보는 시숙님의 눈에 눈물이
고였습니다. 시숙님은 저희를 한참이나 애절한 시선으로
바라보다가 둘째 동서이신 형님에게 손짓하셨습니다. 형님은 곧
조그만 칠판을 가져오셨는데, 어렵게 펜을 잡은 시숙님은 칠판에
무언가를 쓰셨습니다. 저희 부부는 무슨 말을 쓰시나 궁금해서
칠판을 들여다보았지요.

우리 눈에 들어온 글씨는 작은 칠판을 가득 메운 '왜?'라는
글자였습니다. 칠판을 보는 순간 저희 부부의 가슴은
무너져 내렸습니다. 시숙님의 눈은 충혈되어 있었고 눈물이
가득했습니다. 남편은 그런 시숙님을 붙들고 눈물을 흘리며

간절히 기도했습니다. 기도를 마친 남편은 자신의 욥기 설교 테이프 몇 개를 전해 드렸지요. 그 후 저희는 무거운 마음으로 미국에 돌아와야 했습니다.

이듬해 한국에서 다시 시숙님을 뵈었을 때, 시숙님은 더욱 마르고 쇠잔해진 모습이었습니다. 시숙님은 우리 부부를 보자마자 예전의 그 작은 칠판을 찾으시더니 전보다 더 오랜 시간을 들여 힘겹게 무언가를 적기 시작하셨습니다. 그리고 다 쓰신 칠판을 우리에게 보라고 눈짓하셨습니다. 저와 남편은 칠판 위에 쓰여 있는 글을 보고 깜짝 놀라 동시에 서로를 바라보았습니다. 거기에는 '욥기 13장 15절'이라고 적혀 있었습니다.

"여호와께서 나를 죽이실지라도 나는 그를 의뢰하리라"(욥 13:15).

'왜?'라는 질문을 수없이 했던 시숙님은 어떤 마음의 변화를 겪으셨기에 이런 믿음의 고백을 하시게 된 걸까요? 회의와 의심과 절망을 넘어 견고한 믿음의 자리에 우뚝 서신 시숙님. 어떤 일이 일어나도 하나님은 선하시며 하나님만이 나의 복이라고 고백하는 시숙님을 보며, 저희 부부는 하나님께서 시숙님 안에서 일하고 계심을 보게 되었습니다.

그리고 얼마 후… 시숙님이 의식을 잃고 중환자실로
옮겨지셨다는 소식을 들었습니다. 남편과 저는 병원으로
갔습니다. 뼈만 남은 사람의 모습이 어떤지 저는 시숙님을
통해 처음 보았고, 그 처참한 모습은 충격적이었습니다. 죽음의
문턱에 놓인 육신은 결코 아름답지 않았습니다. 바람 한 번 불면
부서져 버릴 것 같은 육신. 그러나 이상하게도 처절하리만큼
쇠잔해진 그 육신 너머에 말로 설명할 수 없는 고귀하고 성결한
기운이 느껴졌습니다.

혼수상태로 뼈만 앙상한 시숙님의 육신. 그런데 그런 시숙님의
육신 앞에서 제가 느낀 고귀함은 어디서 비롯된 것일까요?
제가 깨달은 것은, 그 고귀한 기운이 시숙님의 쇠잔한 몸에서
흘러나오는 것이 아니었다는 것입니다. 그것은 시숙님 안에
계신 예수 그리스도의 고귀함이었습니다. 시숙님의 가치는
뼈만 앙상히 남은 육체기 이니리, 그 안에 계신 예수님의
고귀함이었지요.

저는 인생의 가치가 우리 자신이 아님을 다시금 절감했습니다.
우리 존재의 궁극적 가치는 어떤 성취에 있는 것이 아니라,
우리를 붙들고 계시는 예수님께 있음을 보게 되었습니다.
예수님의 보혈이 하나님 앞에서 우리의 가치를 정합니다.

육신은 비록 늙고 병들어 후패(朽敗)해 간다 할지라도 하나님이 함께하시면 그로 인해 그 인생은 가치 있게 되는 것입니다. 기독교 신앙은 어떻게 하면 형통하고 인정받고 성공하느냐 하는 것에 목적과 가치를 둘 수 없습니다. 기독교 신앙은 하나님에 관한 것입니다. 하나님은 어떤 분이신가, 하나님은 내 인생 가운데 무슨 일을 하셨나, 하나님은 내 인생 가운데 어떤 뜻을 이루어 가시는가가 중요한 것이지요. 하나님만이 우리의 영원한 상급이요, 분깃이요, 기업임을 고백하는 것. 하나님을 가까이함이 우리의 진정한 복임을 선포하는 것. 이것이 바로 우리가 믿는 신앙이자 양보할 수 없는 진리임을 믿습니다.

⑾ **볼륨을 높여요**

내 육체와 마음은 쇠약하나 하나님은 내 마음의 반석이시요 영원한 분깃이시라 (시 73:26).

오늘의 사연_

4.5와 5

4.5와 5가 살았습니다. 둘은 친구 사이였습니다. 4.5는 5보다 항상 0.5가 모사라는 것에 열등감이 있었습니다.

"내게 0.5만 더 있으면 5를 이겨 볼 텐데…."

그렇게 4.5는 자신과 5를 비교하며 패배의식과 피해의식에 젖어 들어 갔지요. 그러던 어느 날이었습니다. 갑자기 4.5의 얼굴이 밝아지고 태도가 달라졌습니다. 친구 5 앞에서 이제는 주눅도 들지 않았습니다. 어깨를 쭉 펴고 당당해진 4.5에게 도도한 5는 기분 나쁘다는 듯 이렇게 물었습니다.

"4.5! 너 요새 태도가 달라졌다? 너 도대체 무슨 일이 있었던 거야?"

그러자 4.5가 어깨를 으쓱하며 대답했습니다.

"으응, 그렇게 보이니? 나 얼마 전에 점 뺐다!"

"뭐? 점…? 그렇다면!"

"그래, 맞아! 이제 나는 4.5가 아니라 45야, 45!"

점 하나에 세상이 바뀌었습니다! 45와 5가 된 것입니다. 이젠 0.5가 아닌 40이라는 엄청난 차이가 생긴 것입니다. 이전과는 게임이 안 되지요.

단순한 유머 같지만 내용을 곱씹어 보면 의미가 있다는 생각이 듭니다. 우리는 0.5의 부족함 때문에 자신감을 상실한 채 4.5처럼 우울해하고 주눅들어 살아가는 경우가 너무나 많기 때문입니다. 그런데 그리스도인 중에도 열등감에 눌려 불행한 삶을 사는 사람이 의외로 많습니다. '메뚜기 콤플렉스'라는 말 낯설지 않으시지요? 이스라엘 백성 이야기입니다. 하나님의 사랑받는 자녀, 하나님의 택함받은 거룩한 백성이라는 정체성을 깨닫지 못한 그들의 결과는 어떠했는지요? 가나안 거민을 거인으로, 자신들을 메뚜기처럼 보잘것없는 존재로 생각했던 열 명의 판단으로 이스라엘은 결국 40년이라는 긴 세월을 광야에서 허비합니다. 그리고 여호수아와 갈렙을 제외한 이스라엘 백성은 결국 가나안 땅에 발을 들여놓을 수 없는 슬픈 결과를 맞게 되지요.

그리스도 안에서 주어진 새로운 정체성을 받아들이지 못하면, 우리도 이스라엘 백성처럼 앞으로 나아가지 못하고 세월을 허비하는 불행한 삶을 살게 될 것입니다. 성경에 등장하는 위대한 믿음의 사람들은 모두 그들 자신의 결핍과 실패를 가지고 하나님 앞에 나아갔습니다. 낙심한 마음과 절망감을 솔직히 토로했습니다. 그리고 그런 약함과 낮아짐 가운데 하나님의 은혜가 임했습니다. 연약함과 부족함을 인정하고 고백하며 도움을 구할 때 하나님의 도우심과 능력을 경험할 수 있었던 것입니다.

닉 부이치치는 우리에게 친숙한 이름입니다. 유튜브에 올라온 그에 관한 동영상이 많은 이에게 감동을 주었지요. 그리고 《허그》라는 자전적 책을 써서 세상 사람들에게 희망을 준 저자이기도 합니다. 그는 선천적으로 팔다리가 없는 장애를 갖고 태어났습니다. 그는 몸통에 붙은 발 한쪽에 겨우 발가락 몇 개만 달려 있는데도 열등감에 빠지지 않고 세상의 모멸과

냉대의 시선을 극복했습니다. 그는 모자람 가운데서도 세계를
돌아다니며 오히려 사람들을 위로하고 격려하고 힘을 주는
'격려자' 역할을 하고 있습니다.

그의 책을 보면, 열등감을 극복할 수 있었던 계기가 바로 성경
말씀이었다고 고백합니다. 그는 자기 자신이 하나님의 일을
드러내기 위해 정교하게 지어진 피조물임을 말씀을 통해
확신했다고 합니다. 닉의 어두웠던 과거의 정체성은 하나님
안에서 새롭게 변화되었습니다. 그리고 그리스도 안에서
자신만이 지닌 독특함과 아름다움을 발견했습니다. 마음과
생각이 바뀌자 그의 인생도 180도 바뀌었습니다. 그야말로
4.5에서 점을 뺀 45가 된 것이지요. 그는 5보다 더 크게, 더 많이
하나님의 쓰임받는 사람이 되었습니다.

그는 말합니다. "은혜로 변화된 세계관을 따라 불완전한 나
자신을 받아들이게 되었다." 열등하다고 느끼는 어떤 부분이든,
그 결핍을 하나님의 은혜 아래 놓게 되면 놀라운 변화가 일어날
것입니다. 우리가 부끄러워하고 괴로워하는 그 결핍이, 오히려
하나님께 가까이 나아가는 디딤돌이요, 우리 삶에 풍요로움을
가져다주는 귀한 축복의 통로가 될 것이기 때문입니다. 0.5라는
작은 차이 때문에 열등감에 사로잡힌 4.5의 인생이 아니라,

하나님 안에서 거룩한 백성, 하나님의 사랑받는 자녀라는
정체성을 회복하기 바랍니다.

가만히 자신의 가슴에 손을 얹고 이렇게 기도해 보지
않으시겠습니까?

"나의 모자람, 나의 부족함 때문에 하나님을 만나게 해주심을
감사합니다. 나의 연약함을 깨닫는 순간마다 그로 인하여
하나님을 바라보게 해주시니 감사합니다. 또한 나의 결핍과
부족함이 은혜이고 축복임을 깨닫게 해주시니 감사합니다.
하나님께서 나의 있는 모습 그대로를 받아 주신 것처럼, 저도 나
자신을 용납하고 사랑하기를 원합니다. 부족하다고 말하는 것은
사람들입니다. 하나님 앞에서는 결코 모자람이 없습니다. 오히려
하나님 앞에서 부족함은 완전함입니다. 나의 약함은 하나님의
강함입니다."

ııll 볼륨을 높여요

나에게 이르시기를 내 은혜가 네게 족하도다 이는 내 능력이 약한 데서 온전하
여짐이라(고후 12:9).

오늘의 사연_

B 축하파티

"은아야, 학교에서 무슨 일 있었니? 기분 나쁜 일이라도 있었던
거야?"
딸 은아가 초등학생 때 일입니다. 학교에서 돌아온 딸아이
얼굴이 심상치 않았습니다. 울었는지 눈도 부어 있고 심기가
불편한 것이 역력했습니다.
"왜? 학교에서 무슨 일이 있었어? 왜 울었어? 아빠, 엄마한테
말해 봐. 무슨 일인데?"

딸은 머뭇거리더니 말문을 열었습니다.

"아빠, 엄마. B 맞아도 하버드대학에 갈 수 있어?"

"뭐라고? 하버드?"

딸아이의 입에서 나온 의외의 말에 남편과 저는 눈이
동그래졌습니다.

"응. 하버드대학 말이야. 미국에서 제일 좋은 대학이라며? 아빠,
하버드대 가려면 올 A 맞아야 하는 거 아니야?"

"은아야, 누가 그러든? 하버드대학 가려면 올 A 맞아야 된다고?"

"엄마, 아빠는 내가 하버드대학에 가는 게 싫어?"

"아니, 싫은 건 아니지만…. 왜 우리 딸이 갑자기 그런 얘기를
할까?"

의문을 가지고 바라보는 저희 부부 앞에 딸은 시험지 한 장을
내밀었습니다. 채점이 된 시험지 귀퉁이에 'B'라고 적힌 붉은
글씨가 보였습니다.

"나 오늘 B 맞았단 말이야. 어떻게 해. B 맞아서… 이제 나 하버드
못 가잖아."

금방이라도 울음을 터뜨릴 듯 딸의 두 눈에는 눈물이 그렁그렁
고였습니다. 이제 초등학교 5학년인 딸이 대학 갈 걱정을
벌써부터 하고 있다니…. 저희 부부는 이런 딸의 생각이

생소하게 다가왔습니다. 딸은 과목마다 A를 놓치지 않았고, 시키지 않아도 알아서 공부를 잘해 왔지요. 딸은 어려서부터 공부하는 분위기에서 자랐습니다. 남편이 유학생으로 오랫동안 공부를 했으니 우리 가족 주변에는 공부하는 사람들뿐이었습니다. 남편은 딸이 아주 어릴 때부터 도서실에 데리고 다녔습니다. 몇십 권씩 책을 빌려 와서 읽히곤 했지요. 그때마다 딸은 어른들이 읽는 어려운 책을 보란 듯이 얹어서 가져오곤 했습니다.

"이거 네가 읽으려고 빌려 가는 거니?"

도서관 직원이 웃으면서 이렇게 물으면, 딸아이는 거드름을 피우면서 그렇다고 고개를 까딱했습니다. 그렇게 공부가 일상이요, 학위가 생의 목표인 것처럼 살아온 가정 분위기에서 딸은 저희도 모르는 사이에 목표와 가치를 최고 대학으로 놓았던 것 같습니다. 저희 부부는 딸이 B를 맞아온 날에야 딸이 무슨 생각을 품고 있었는지 알게 되었습니다.

그날 저희 부부는 이 문제를 놓고 심각하게 이야기를 나누었습니다. 비록 딸에게 말로 표현하지는 않았지만 부모가 나누는 대화와 삶의 모습이 딸에게 분명 영향을 미쳤으리라 짐작했습니다. 딸을 향한 눈빛과 몸의 언어가 딸을 그렇게

만들었다는 생각에 부끄러웠습니다. 부모 된 우리 자신을
돌아보지 않을 수 없었지요.

"여보, 우리가 최고 대학에 가야 성공한 인생이라고 말한 적은
없지만, 은아가 저런 생각을 하게 된 것은 우리 책임인 것
같아요. 알게 모르게 그런 생각을 갖도록 우리가 만든 것 같아
부끄러워요…. 자식 인생의 최고 가치와 목표를 하버드대학에
두게 만들다니…."

제 말에 공감이 되었는지 남편도 진지한 표정으로 고개를 크게
끄덕였습니다.

"지금 생각해 보니까 은아한테 직접 말하진 않았지만 공부가
인생의 전부이고, 성공하려면 좋은 대학에 가야 한다고 계속
메시지를 준 것 같아. 반성할 일이구만!"

그리고 남편은 이날을 전환점으로 삼아야 한다며 딸을
불렀습니다.

"은아야, 아빠가 오늘 맛있는 저녁 사줄게. 그리고 우리 딸이
좋아하는 디저트도 다 사줄 거야! 오늘 우리는 B 축하파티를
하는 거야!"

밝은 표정으로 B 받은 날을 축하하자는 아빠의 말에 딸은
의아하다는 듯 눈을 동그랗게 떴습니다. 그날 저녁, 저희 가족은

59

음식을 잘한다는 식당에서 '은아가 B 받은 날 축하 파티'를
했습니다.

부모의 마음을 알고 싶었는지 딸은 곰곰이 생각에 잠기는
듯했습니다. 그리고 이렇게 말문을 열었습니다.

"아빠, 엄마! 사실 나는 그동안 B를 받은 친구들이 속상해하고
울면, B도 좋은 점수이고 잘한 것이니 너무 아쉬워하지 말라고
했거든. 그런데 내가 B를 받아 보니까 그 기분이 어떤 건지
알겠어. 누가 자기는 A 받아 놓고 나보고 B도 좋은 점수라고
한다면 아마 나는 그 사람이 때려 주고 싶을 정도로 미웠을 것
같아. 내가 그동안 잘못했다는 걸 알았어. 이제 성적 때문에
힘들어하는 친구들 마음을 이해할 수 있을 것 같아."

딸은 정말 후회된다는 표정으로 진지하게 자신의 마음을
표현했습니다.

"그랬구나! 은아가 아주 귀중한 교훈을 얻었네! 은아야, 그건
아주 소중한 경험을 한 거야. 은아 입장에서 벗어나 다른 사람의
마음을 헤아려 볼 수 있다는 건 정말 좋은 일이지. 돈 주고도
못 배우는 경험이야. 은아가 B를 받아서 섭섭하겠지만, 아주
잘했어! 엄마, 아빠는 은아가 항상 A를 받으면서 그보다 낮은
점수를 받은 친구들의 마음을 이해 못하는 것보다, A를 못 받고

다른 사람의 마음을 돌볼 줄 아는 사람이 되었다는 것이 더
기쁜데? 그런 의미에서 지금 우리가 기념 파티를 하는 거야!"
저희 가족은 지금도 그때 일을 가끔 떠올리며 'B 받은 날
축하파티'에 대해 이야기하곤 합니다.
저희 부부는 미숙한 부모였습니다. 하나님을 믿으면서도
세상 가치관을 버리지 못해 세상과 똑같은 기준으로 사람을
바라보고 있었습니다. 깨닫지 못하는 사이에 못 배운 사람들을
평가하기도 했지요. 세상에서 인정받는 삶을 똑같이 부러워했던
부모였습니다. 그렇게 성숙하지 못하고 본이 되지 못한
부모였지만, 하나님께서 진정 가치 있고 의미 있는 인생이 어떤
것인지 가르쳐주시고 딸을 인도해 가심이 얼마나 감사한지요!
성숙한 인간으로 자라 가는 우리 자녀들을 긍휼과 사랑의
시선으로 지켜보며 삶으로 먼저 본이 되는 부모가 될 수
있다면 얼마나 좋을까 생각해 봅니다. 비교와 경쟁 구도 속에서
자라나는 우리 자녀들. 바로 우리 자녀들이 변화되지 못한
부모들 때문에 외롭고 힘들어서 마약을 하거나 자살을 생각하고
있다면 참으로 두려운 일이 아닐 수 없습니다.
자녀들은 부모들의 최우선 선교지입니다. 우리에게 맡겨 주신
귀한 선물인 자녀들을 하나님 나라 자녀답게 잘 양육하여 훗날

하나님 앞에서 충성된 종이라 칭찬받는 부모가 되면 좋겠습니다.

이를 위해 날마다 애쓰며 기도하는 우리 모두가 되기를

소원합니다!

⑩ 볼륨을 높여요

예수께서 돌이켜 그들을 향하여 이르시되 예루살렘의 딸들아 나를 위하여 울지
말고 너희와 너희 자녀를 위하여 울라(눅 23:28).

오늘의 사연_

부재와 임재

한 아름답고 젊은 여성이 성폭행을 당했습니다. 그뿐 아니라

거꾸로 매달려 얼굴과 몸에 무자비한 발길질을 당하는

처참한 고문에 온몸은 만신창이가 되었습니다. 그 여성은

의료사역을 하는 의사였습니다. 피해 여성은 명문 캠브리지

대학을 나온 지성인이었고, 그녀의 집안은 명망 있는 영국의

콘웰 가문이었습니다. 그녀는 꽃다운 나이에 하나님의

뜻에 순종하고자 당시 내전으로 시끄럽고 위험한 아프리카

콩고로 떠났습니다. 아프리카 콩고 선교사. 그녀는 다름 아닌 아프리카를 위해 의료사역에 헌신한 헬렌 로즈비어 (H. Roseveare)입니다.

그리고 또 한 사람, 김현규 선교사님. 선교사님은 제 남편과 같은 신학교에서 공부를 마친 뒤, 우즈베키스탄 선교사로 소명을 받은 분이었습니다. 선교사님은 우즈베키스탄에서 사역을 시작하고 1년 뒤, 폐암 말기로 판명되어 30대의 젊은 나이에 하나님의 부르심을 받았습니다. 돌아가시기 일주일 전에 선교사님을 만났는데, 선교사님은 눈에 눈물이 가득한 채로 이렇게 말씀하셨습니다.

"하나님께서 왜 지금 저를 데려가려 하시는지 모르겠습니다. 하나님께서 기뻐하시는 일을 시작한 저를 도대체 왜…. 하나님을 만나 뵈면 꼭 물어보고 싶습니다."

이런 이야기들을 하자면 사실 끝이 없겠지요. 여러분은 이런 이야기를 들을 때 어떤 생각이 드시는지요? '정말 하나님께서 살아 계시다면 어떻게 이런 일들이 일어날 수 있을까?' 하는 의구심이 들지 않으시나요? 하나님께서 정말 자녀들을 보호하고 인도하신다면 헬렌 선교사님은 고문과 성폭행을 당하지 말았어야 합니다. 마땅히, 하나님께서는 자신의 삶을 헌신한 딸을 구출해 주셔야 하지 않았을까요? 세상 욕심을 모두 내려놓고 하나님 나라를 위해 선교사로 헌신한 젊은 목사의 병을 하나님께서는 고쳐 주셨어야 했다는 생각을 우리는 하게 됩니다.

그런데 결과는 그렇지 않았습니다. 하나님은 그들을 보호해 주지도, 구원의 손길을 내밀지도 않으셨습니다. 그들은 위험한 상황 속에서, 고통 속에서, 죽음 앞에 방치되어 있었습니다. 하나님으로부터 그 어떤 도움의 손길도 경험하지 못했습니다. "하나님께서는 그때 어디 계셨나요? 진정 하나님은 살아 계신 분인가요?" 이것이 우리의 솔직한 질문이요, 의심이요, 고민이 아니겠는지요.

그런데 예수님 역시 하나님께서 부재하신 것과 같은 상황을 겪으셨음을 우리는 잊지 말아야 합니다.

"엘리 엘리 라마 사박다니! 나의 하나님, 나의 하나님 어찌하여 나를 버리셨나이까!"

십자가에 매달리신 예수님의 외침은 분명 버림받은 자의 절규였습니다. 십자가 형틀에 매달려 극한의 고통을 당하신 예수님은 흑암 가운데 버림받은 자로, 하나님께서 외면하신 것 같은 절대 고독의 순간을 경험하신 것입니다. 그러나 예수님께조차 아무런 보호도, 도움도, 응답도 그리고 아무런 기적도 일어나지 않았습니다. 그 시간, 그 공간에는 침묵과 버려짐, 방치당함만 존재하는 듯 보입니다.

그런데… 과연 정말 그랬을까요? 그렇지 않았습니다. 그 순간은 결코 하나님의 부재의 순간이 아니었습니다. 오히려 하나님의 임재로 가득 차 있는 충만한 순간이었습니다. 예수님의 고통을 숨죽여 지켜보고 계신 하나님. 소리 없는 함성으로 응원하고 계신 하나님. 사람이 보기에는 하나님께서 개입하지 않고 외면하고 방치하신 것 같은데, 실은 하나님께서 가장 깊이 개입해 계신 순간이었던 것이지요.

인간이 보기에는 철저히 하나님께서 부재(不在)하신 것만 같았던 그 순간, 사실은 충만하게 임재(臨在)하셔서 그분의 가장 위대하고 아름다운 계획과 뜻을 이루고 계셨던 것입니다. 세상의 모든 죄를 짊어지신 예수님은 원수 되었던 하나님과 인간 사이에 화평의 다리가 되셨습니다. 죽기를 두려워하여 사망에 종 노릇 하는 인생들을 자유케 하시며, 사단의 머리통을 부수고 계셨습니다. 그렇습니다. 하나님께서 부재하신 것 같은 그때, 십자가상의 예수님을 통해 구원의 역사는 시작되고 있었던 것입니다.

성경은 우리에게 믿음으로 살라고 합니다. 저는 믿음으로 산다는 것은 우리가 처한 상황 가운데 하나님을 개입시키는 것이라고 생각합니다. 아니, 좀더 정확히 표현하면, 이미 개입하신 하나님을 믿음의 눈으로 바라보는 것이지요. 상황을 통해 하나님을 보는 것이 아니라 하나님을 통해 상황을 바라보는 것이 믿음으로 산다는 것 아닐까요? 하나님을 신뢰하며, 하나님을 통해 지금 처한 상황을 바라볼 수 있다면, 깊은 어둠의 수렁에서도 우리의 손을 잡고 계시는 하나님을 분명 경험할 수 있다고 믿습니다.

하나님의 역사 속에 쓰임받은 사람들은 대부분 이런 절망과 고통의 시간, 하나님이 부재하신 것 같은 시간을 경험했음을 우리는 잘 알고 있습니다.

헬렌 로즈비어 선교사님은, 그 어둠의 시간을 믿음으로 극복하고 놀랍게도 다시 콩고로 들어가 사역을 계속했습니다. 그녀는 하나님이 부재하신 것 같은 고통의 시간 한가운데로 하나님을 개입시킨 믿음의 선택을 한 것입니다. 그야말로 사단의 비아냥을 묵살해 버린 담대하고 용기 있는 선택이었지요. 그런 그녀를 통해 하나님께서는 강팍한 영혼들이 하나님께로 돌아오게 하는 놀라운 기적을 베푸셨습니다.

젊은 나이에 암으로 돌아가신 김현규 선교사님의 안타까운 죽음 역시, 합력하여 선을 이루시는 그분의 뜻 가운데서 훗날 확실한 답을 듣게 될 줄 믿습니다. 시간 밖에 존재하시는 영원하신 하나님, 처음과 끝을 동시에 바라보시는 전지하신 하나님의 일을, 피조물인 우리 인생이 다 이해할 수 없기 때문입니다. 하나님께서 어떤 일이 일어나도록 허락하시는 이유, 그리고 각기 다른 방법으로 역사하시는 이유를 우리 인간의 인지(認知)로는 다 이해할 수 없습니다.

그러나 제 온 마음으로 고백하는 한 가지 사실은, 하나님께서는 반드시 합력하여 그분의 선하신 뜻을 이루어 가신다는 것입니다. 그리고 마침내 하나님께서 모든 눈에서 눈물을 씻기실 날이 올 것입니다. 끝은 이 세상이 아닙니다. 끝은 우리에게 조만간 닥칠 하나님 앞입니다.

혹시 여러분 중에 지금 하나님이 나를 돌보시지 않는 것 같다고 느끼는 분들이 계신지요? 하나님께서 부재하시는 것 같은 순간을 경험하고 계시지는 않은지요? 우리는 이 세상에서 그리스도인들이 당하는 고통과 고난의 의미에 대한 완전한 답을 찾을 수는 없을 것입니다. 그러나 영원한 하나님 나라에서 우리는 주님과 얼굴을 맞대고 그 답을 얻게 될 것입니다. 하나님 앞에 서는 날, 작은 퍼즐 조각 같은 우리 인생이 어떤 의미인지 깨닫게 될 것입니다. 하나님께서는 그분의 선하심으로 완성된 아름답고 황홀한 그림을 우리 앞에 펼쳐 보이시며, 당신의 선하심을 보여 주실 것입니다!

⑴⑴ 볼륨을 높여요

이러므로 우리에게 구름같이 둘러싼 허다한 증인들이 있으니 모든 무거운 것과 얽매이기 쉬운 죄를 벗어 버리고 인내로써 우리 앞에 당한 경주를 하며 믿음의 주요 또 온전하게 하시는 이인 예수를 바라보자 그는 그 앞에 있는 기쁨을 위하여 십자가를 참으사 부끄러움을 개의치 아니하시더니 하나님 보좌 우편에 앉으셨느니라(히 12:1-2).

오늘의 사연_

30일 전쟁

이 이야기를 시작하기 전, 여러분께 한 가지 양해를 구하고
싶습니다. 사람의 영적 경험은 지극히 개인적이기에 그 경험이
하나님으로부터 온 것인지에 대한 분별과 검증이 필요합니다.
저는 제가 왜 이런 일을 겪게 된 것인지 솔직히 아직도 잘 알지
못합니다. 이 경험이 심리적인 이유에서 시작되어 영적인 것까지
영향을 미친 것인지, 아니면 처음부터 악한 영의 공격을 받은
것인지 정확히 모르겠습니다.

원인은 모르지만 그럼에도 이 지면을 통해 저의 영적 경험을
여러분과 나누는 이유는, 악한 영과의 사투 과정을 통해 깨달은
중요한 사실이 있기 때문입니다. 그리고 혹시 여러분 중에 저와
비슷한 경험을 겪고 있는 분이 계시다면 저의 나눔을 통해 힘을
얻으시기를, 그리고 위로를 받으시기를 간절히 바랍니다. 그런
바람으로 이 글의 문을 조심스럽게 엽니다.

"사모님, 저… 상의드릴 게 있어요."
어느 늦은 오후, 문 집사님에게서 전화가 왔습니다. 문 집사님은
딸이 셋 있는데, 딸들은 모두 타지에서 대학을 다니거나 직장
생활을 하고 있어서 큰 저택에 문집사님 내외만 덩그러니 살고
계셨습니다. 그런 데다 남편분은 회사 일로 자주 출장을 가는
바람에 집사님만 홀로 지내는 날이 많은 편이었지요. 그래서인지
집사님 얼굴에는 늘 외로움의 그림자가 드리워 있었습니다.
"사모님, 전화로는 말씀드리기가 어려울 것 같아요. 혹시 지금
저희 집에 와주실 수 있으세요?"
꽤 늦은 시간이었지만, 수화기 너머로 들려오는 집사님의 절박한
목소리에 저는 앞뒤 생각할 겨를 없이 고속도로를 단숨에 달려
집사님 댁에 갔습니다. 집사님은 저를 보자 안도하는 표정과

함께 긴 한숨을 내쉬더니 오랫동안 아무에게도 말하지 못한
고민을 털어놓기 시작하셨습니다.

"사모님, 제 말 듣고 놀라지 마세요. 제가 이상한 사람이라고
생각하지도 말아 주세요. 제 안에서 어떤 소리가 들려요. 제가
아닌 다른 목소리예요…. 정확히는 모르겠지만 분명히 제가
아닌 다른 존재의 목소리예요. 그 존재는 저를 야유하고,
비웃고, 정죄하고, 두려움도 주고 협박도 하고요…. 요즘은
뭐라 그러는지 아세요? 저보고 자꾸 죽으라고 해요. 저보고
죽으래요!"

저는 집사님의 말에 내심 크게 놀랐으나 마음을 추스르고
목소리를 가다듬었습니다.

"…언제부터 그러셨나요?"

"오래됐어요. 지금처럼 남편이 며칠 출장을 가서 혼자 있게 되면
더 심해져요. 밤새 그 소리 때문에 무서워서 잠도 잘 수 없어요.
어떨 때는 제 귓가에 사람 숨소리가 너무 크게 들려요. 무서워서
정신을 잃을 정도예요…. 그 숨소리는 지난번 남편 출장을
따라 같이 갔을 때 호텔방에서도 들렸어요. 무서워서 죽는
줄 알았어요. 물론 기도도 엄청 열심히 하고 있어요. '귀신아,
떠나가라!' 열심히 기도하는데 소용이 없어요. 사모님, 혹시 저

같은 일을 당한 사람을 만나 보신 적 있으세요? 너무 무섭고 괴로워서 도저히 살 수가 없어요. 어떨 때는 정말 죽어 버릴까 하는 생각도 들어요. 어쩌면 좋을까요?"

저를 처다보는 집사님의 눈동자에 두려움과 절박함이 가득 담겨 있었습니다. 집사님은 지극히 정상적인 분이기 때문에 이런 이상한 일을 겪고 있다는 사실이 쉽게 이해되지 않았습니다. 환청이 들린다는 정신질환이나 강박증으로 단정 짓는다는 것은 아무래도 석연치 않았습니다. 그렇다고 섣부르게 악령의 역사로 생각하는 것도 쉽지 않은 일이었지요. 저는 집사님의 증상을 '영적인 것이다', 혹은 '의학적인 것이다'라고 어느 쪽도 확신할 수 없었습니다.

그럼에도 그날 집사님과 대화를 나누면서 제가 얻을 수 있었던 중요한 사실은, 집사님이 평소 자책감이 심하고 '영적'이라는 것에 대한 이해가 상당히 막연하고 혼란스러웠다는 것입니다. 게다가 집사님은 오랫동안 우울증으로 약을 복용하고 계셨습니다. 정신적, 심리적으로 매우 예민하고 약해져 있다는 사실을 알게 된 것이지요.

저는 집사님이 고립된 환경에서 벗어나는 게 급선무라는 생각에, 여성예배나 소그룹 성경공부에 참여해 보기를 권했습니다.

예배나 말씀을 통해 영적인 도움을 얻고, 다른 성도들과의
교제를 통해 혼자 있는 시간을 줄일 수 있다면 조금이라도
나아지지 않을까 하는 생각에서였지요. 그리고 몸을 움직여
땀을 흘리는 취미생활과 규칙적인 운동도 권했습니다. 그리고
집사님에게 기도하는 시간을 줄이라고 말씀드렸습니다.
집사님은 의아해하셨지만, 말씀의 기반이 바로 세워지지 않은
가운데 기도에 열심을 내는 일은 악한 영들에게 속임을 당할
수도 있는 위험한 일이라 생각했기 때문입니다. 정신과 의사와도
지속적으로 상담을 받는 것이 좋겠다고 했지요. 때로 우울증
약이 그런 부작용을 유발하기도 한다는 것을 알고 있었기
때문입니다.

사태를 정확히 판단할 수 없었던 저로서는 이러저러한 방법을
생각해 보지 않을 수 없었습니다. 저는 집사님께 힘들 때는
언제든 연락해서 함께 기도하자고 안심시켜 드렸습니다. 그날
이후로 집사님은 전화로 자주 기도 부탁을 하시면서 상담을
요청해 왔습니다.

그러던 어느 날 아침, 잠에서 깼는데 제게 아주 이상하고 괴이한
일이 일어났습니다. 제 안에서 이상한 목소리가 조그맣게 말을
하기 시작한 것입니다. 그 목소리는 제가 평소에 도저히 생각할

수 없는 말을 속삭이고 있었습니다. 신경을 곤두세우고 긴장을 하자 목소리는 빠른 속도로 힘을 얻는 듯 점점 더 커지더니 급기야는 제 온 머릿속을 장악하고 말았습니다.

저는 목소리를 듣지 않기 위해 머리를 좌우로 흔들고, 다른 일에 정신을 쏟으려 안간힘을 썼습니다. 그러나 아무 소용이 없었습니다. 다른 사람과 이야기하는 중에도 그 소리가 너무 커서 상대편 소리가 들리지 않을 지경이었습니다. 저는 사람들의 눈을 똑바로 바라볼 수 없었습니다. 제 안에서 같은 말을 주문처럼 외는 그 소리가 상대방에게도 들릴 것 같은 두려움이 들었기 때문입니다.

저는 당황했습니다. 시간이 지나면 나아지리라 생각했지만 하루, 이틀, 사흘이 지나도 상태는 더욱 나빠질 뿐이었습니다. 식욕도 없어지고, 사람을 만나는 것도 두려워졌습니다. 이 사실을 누구에게도 말할 수 없어서 저는 혼란 속에 어찌해야 할 바를 모르고 시름시름 앓았습니다. 얼굴빛은 어두워지고 웃음기마저 사라졌습니다. 그 두려움과 괴로움은 상상을 넘어선 것이었고, 죽고 싶다는 생각까지 들 정도였습니다.

저는 혼자 있게만 되면 시도 때도 없이 '예수님의 이름으로 명하노니!' 하고 소리치며 기도했습니다. 그 목소리를 제어하기

위해 찬송을 듣거나 말씀을 큰 소리로 읽고 기도하기도
했습니다. 그렇게 하지 않으면 그 목소리에 눌려 아무것도 할 수
없을 것 같았기 때문입니다.

그렇게 악전고투하던 중, 저는 적의 약점 한 가지를 알아차리게
되었습니다. 적은 말씀 앞에서 약해졌습니다. 말씀을 읽을
때면 그 목소리가 훨씬 작아졌습니다. 저는 물에 빠진 사람이
지푸라기라도 잡는 심정으로 절박하게 시편을 읽어 나갔습니다.
그리고 예전에는 미처 알지 못했던, 시편 말씀 속 영적 전쟁들의
기록을 발견했습니다. 그동안 보이지 않던 영적 무기들이 시편
곳곳에 숨어 있음을 알게 되었습니다. 괴로워하는 시편 기자의
심경이 다름 아닌 제 심정같이 느껴졌지요. 그리고 그런 저의
기도를 누군가 도와주고 있음을 깨닫게 되었습니다.

저는 시편 말씀을 절박하게 붙들고 땀이 흐르도록 기도하며
부르짖기 시작했습니다. 새벽에 초인종 소리가 크게 들려서
자다가 놀라 달려가면, 문밖에는 캄캄한 어두움만 고여 있을 뿐
아무도 없었습니다. 그리고 어떤 날은 누군가가 "충희야" 하고
부르며 제 어깨를 크게 흔들어 잠에서 깨어난 적도 있습니다.
저는 이런 현상들이 말씀을 보고 기도하라고 깨우시는 성령님의
신호로 받아들이고, 그 시간이 언제든 잠자리를 걷고 일어나

말씀을 펴고 무릎을 꿇었습니다.

그리고 그 시간을 통해 저를 사로잡았던 두려움이 점점
사라지는 것을 느꼈습니다. 두려움이 사라지기 시작하니 마음도
조금씩 편해졌습니다. 검은 구름 사이로 햇살 한줄기가 비치어
제 영혼을 따뜻하게 녹여 주는 것만 같았습니다. 평강이 깃들기
시작하자 어느새 자신감이 생겼습니다. 이 싸움은 주님과 함께
반드시 이길 싸움이라는 사실을 믿게 되었습니다. 비로소 말씀을
통해 승리를 확신하게 된 것입니다.

적은 마치 젊은 사자의 가면을 벗은 이빨 빠진 늙은 늑대처럼
꼬리를 내리기 시작했습니다. 영적 전쟁이 시작된 지 30일째
되던 새벽, 저는 기도하다 문득 이 전쟁이 모두 끝나고
승리했다는 사실을 깨닫게 되었습니다. 소리가 떠나가고 완전한
평강이 제 영혼을 가득 채웠습니다. 두 눈에서는 기쁨의 눈물이
하염없이 흘러내렸습니다. 찬송이 마음 깊은 곳에서부터 터져
나왔습니다. 할렐루야! 주께 영광!

저는 그 후로 문 집사님을 머리로 이해하는 게 아니라 가슴으로
공감하게 되었습니다. '동정'이 아닌 '공감'으로 대하게 된
것이지요. 저는 집사님의 두려움과 고통 그리고 그 끔찍한
외로움을 비로소 알게 되었습니다. 저는 시련을 겪은 후

문 집사님께 시편 묵상을 권해 드릴 수밖에 없었습니다. 제가
힘을 얻은 말씀이었기에 자신감이 있었는지도 모릅니다.
물론 집사님의 회복 과정은 아주 오래 걸렸습니다. 집사님은
전문가 상담과 함께 약물치료도 계속 받았고, 성경공부와
소그룹 모임, 선교 여행에도 적극적으로 참여하셨습니다. 주변에
친구들이 생겼고 남편분도 집사님을 위해 취미생활과 운동을
함께하게 되었습니다. 그리고 오랜 시간이 흐른 후, 집사님은
결국 우울증 약을 끊고 다시 복음 안에 굳게 서게 되셨습니다.
깊은 상처의 흔적을 지닌 집사님은 이제 주변의 연약한
사람들의 상처를 다독이는 치유자로서 아름다운 삶을 살고
계십니다.

앞에서 말씀드린 대로 이 경험은 제가 이해할 수 있는 범주를
넘어선 것이었습니다. 그러나 저는 영적 전쟁을 치르면서 두
가지 잊지 못할 교훈을 얻었습니다. 첫째는 영적 전쟁의 최대
무기는 하나님의 말씀이라는 것, 둘째는 성령 안에서 기도할 때
그 말씀의 위력이 나타난다는 것이었습니다.
승리의 비결은 하나님의 말씀입니다. 그 말씀이 강한 검이
되도록 성령 안에서 기도하는 것입니다. 하나님의 말씀을 붙들고

두려움을 대적하며 예수님과 함께할 때 마귀는 떠나갑니다.

우리에게 승리를 주시는 예수님께 영광을 올려 드립니다. 주께

영광!

‖‖ 볼륨을 높여요

그런즉 너희는 하나님께 복종할지어다 마귀를 대적하라 그리하면 너희를 피하

리라 하나님을 가까이하라 그리하면 너희를 가까이하시리라(약 4:7-8).

오늘의 사연_

A형 남편

혈액형에 따라 사람의 성격을 음식으로 묘사한 우스운 이야기를
들어 본 적 있으신지요? A형은 '소세지', B형은 '오이지', O형은
'단무지', AB형은 '지지지'라고요. 풀이해 보면 A형 소세지는
소심하고 세심한 성격, B형 오이지는 오만하고 이기적인 성격,
O형 단무지는 단순하고 무식한 성격이랍니다. (AB형 지지지도
속뜻이 있지만 이곳에서는 생략하겠습니다.)
저는 사람을 카테고리 안에 집어넣어 평가하는 것을 그리

신뢰하지 않습니다만, 혈액형을 두고 성격을 묘사한 이 유머는 아주 틀린 이야기는 아닌 것 같습니다. 적어도 A형에 관해서는 맞는 부분이 있다는 생각이 들어서이지요. 왜냐하면 저희 부부의 혈액형이 A형이기 때문입니다. 예에! 소심하고 세심한 성격의 특성을 저희 부부는 모두 지니고 있답니다.

며칠 전, 저희 부부가 마주 앉아 저녁을 먹고 있는데, 남편이 뜬금 없이 "오래 전 일인데…" 하고 이야기를 꺼냈습니다. 저는 무슨 이야기인가 궁금해서 남편을 바라보았습니다. 남편은 이야기를 풀어놓았습니다.

10년 전쯤 저희 부부는 처음으로 건강 종합검진을 받게 되었습니다. 그때 대장 내시경 검사도 하게 되었습니다. 저는 검사 결과 모두 깨끗하고 정상이라고 했지만, 남편은 대장에 작은 용종이 서너 개 발견되어 검사 중 레이저로 제거했습니다. 그리고 의사는 조직검사 결과 용종이 악성이어서 암으로 발전될 가능성이 있다고 했지요. 하지만 일단 제거했으니 괜찮다며 6개월 뒤 다시 검사해 보자고 했습니다. 남편은 그 뒤로 몇 번 더 정기검진을 받았습니다.

벌써 10년이나 지난 그날 이야기를 남편이 꺼낸 것입니다. 남편의 눈에는 어느새 섭섭한 기운이 감돌았습니다.

"그때 왜요? 무슨 일로 그러는데요?"

저는 남편의 다음 이야기를 전혀 짐작할 수 없어 물었습니다.

그런데 그날 남편은 제게 이렇게 이야기했습니다.

"그때 나 당신한테 많이 실망했다! 야… 사람은 믿을 게 못

되는구나 생각했지."

저는 남편의 말에 정말 이 남자가 왜 이러나 하고 다음 말을

기다릴 수밖에 없었습니다.

"그때 의사가 나는 용종이 있어 제거했다고 하고 당신은

깨끗하다고 하니까, 당신 표정이 순간 반짝하고 안심하더라고….

그런데 그게 그렇게 서운하더라. 나는 암으로 발전될 수 있는

용종이어서 조심하라고 하는데 자기는 정상이라고 하니 표정이

밝아진 걸 보고 '정말 저 여자 나를 사랑하긴 하는 거야?' 했지."

"예? 정말이요? 나는 전혀 기억에 없는데요? 내가 그랬다고요?

아, 그럼 그때 이야기를 하시지. 서운했다고…. 그게 사실이었다

해도 그렇게 위험한 건 아니었잖아요. 사람들이 검사 중에

용종이 발견되어 제거했다는 소리를 하도 많이 들어서…."

"용종도 용종 나름이지. 그냥 놔두면 암이 된다잖아. 암!"

"에이, 암은 아니었잖아요. 놔두면 그렇댔지요. 미리 발견해서

제거했는데, 뭘. 그치만 당신이 서운했다면 미안해요. 그러게…

생각해 보니 섭섭했겠네요. 그런데 그걸 왜 이제 얘기해요? 10년

동안 꽁하고 있다가?"

"뭐… 항상 생각한 건 아니니까…. 알잖아, 나 A형이라구!"

"하하, A형 맞네, 맞아! 하하하."

"그래 나 A형이다! A형!"

제가 손가락으로 남편을 가리키며 웃음을 터뜨리자 남편은

아직도 서운한지 설거지를 돕다가 저를 향해 한마디 더 하는

것이었습니다.

"자식 대신 죽겠다는 부모 말은 믿을 수 있는데, 배우자를 위해

대신 죽겠다는 말은 어쩐지 믿을 말이 못 되는 것 같아."

남편의 말을 들으면서 정말 남편이 그때 많이 서운했구나

하는 생각이 들었습니다. 남편이 그런 작고 사소한 일에 (제가

생각하기에 그렇다는 말이지요.) 그토록 서운한 감정을 10년

동안이나 마음속에 감추고 있었다니 조금 의아하고 놀랍기도

했습니다. 남편은 자존심 때문에 속 좁다고 할까 봐 제게 말하지

않았다고 합니다. 10년 동안이나 아내에 대한 서운한 감정을

접어 놓고 살아온, 그런 남편의 뒷모습을 보면서 정말 인간은

나약한 존재구나 하는 생각이 절로 떠오르더군요.

남자들은 아내와 자식들 앞에서 대범한 척, 아무렇지도 않은 척,

강한 척하지만 그 마음속에는 여자들이 생각하지 못하는 약함과 두려움과 걱정이 있음을 깨닫게 되었습니다. 그 나약하고 세심한 모습을 '남자', '남편', '아버지', '가장'이라는 이름으로 덮어 놓은 것입니다.

성경을 보면, 아내를 표현할 때 "더 연약한 그릇"(벧전 3:7)이라는 표현을 쓰고 있습니다. 그 말에는 남편 역시 연약한 존재라는 의미가 담겨 있는 것 아닐까요? 남편은 약한 그릇, 아내는 더 약한 그릇!

남편의 솔직한 고백을 통해 '남편도 작은 것에 상처받을 수 있는 연약한 인간이구나. 10년이란 오랜 세월 동안 아내에게 서운한 감정을 숨기고 대범한 척하는 깨어지기 쉬운 약한 그릇이구나' 하고 생각하게 되었습니다. 그리고 남편도 아내의 사랑을 원하는 외로운 한 남자라는 것을 새삼 깨닫게 되었지요.

저는 그날 남편이 툭 던진 독백과도 같은 질문, "배우자를 위해 목숨을 줄 수 있는 사람이 얼마나 있겠어?" 하는 말을 그냥 흘려보낼 수 없었습니다. 그래서 곰곰이 남편의 말을 곱씹어 보게 되었습니다. '정말 남편이 죽을 병에 걸린다면 그 고통을 대신해 죽을 수 있을까?' 솔직히 남편을 대신해서 죽고 싶다는 마음이 절로 우러나지는 않을 것 같습니다. 급박한 상황에서는 모르겠지만 준비된 마음으로 대신 죽기란 쉽지 않으리란 것이 저의 솔직한 마음입니다. 남편이 들으면 매우 섭섭해 하겠지요? 저를 보면서 인간의 정이란 것이, 부부의 사랑이란 것이 얼마나 의지할 것이 못 되고 한계가 있는가를 느끼게 됩니다. 그토록 오랜 세월 인생의 동반자로 살아왔건만 내 목숨은 대신 줄 수 없는 것이 나라는 인간이구나 생각하니, '세상에서 우리가 온전히 의지할 대상은 누구인가?' 하고 묻게 됩니다. 아내에게 희생적이고 헌신적인 제 남편. 저를 아끼고 사랑해 주는 남편의 사랑을 믿지만, 남편 역시 저를 위해 자신의 생명을 무조건 줄 것이라고 확신하기는 쉽지 않습니다.

세상에서 나를 자기 목숨보다 사랑하고, 언제든 아낌없이 자신의 생명을 내어 줄 존재가 있을까요? (아, '페닐아틸아민'이라는 신경 전달 물질이 급격히 상승하는 연애 초기의 커플들은 제외하고 말입니다.) 생명까지 내어 주는 사랑을 받는 사람. 그런 사람은 정말 행복하겠지요? 그리고 그런 사랑을 하는 사람 역시 세상에 두려울 것도, 부러울 것도 없을 것 같습니다.

그런 사랑…!

그런데 가만히 생각해 보니 우리가 바로 그런 사랑을 받고 사는 사람들이었습니다! 나를 너무나 사랑해서 기꺼이 생명을 내어 준 놀라운 사랑. 나를 세상 끝날까지 포기하지 않으시는 죽음보다 강한 십자가 그 사랑, 예수님 사랑!

우리는 배우자조차 제대로 사랑할 수 없는 존재이지만, 우리가 하나님의 참사랑 안에 거할 때, 그때는 형제를 위해 목숨을 내어 줄 수 있는 담대한 사랑의 소유자가 될 수 있음을 믿습니다.

하나님의 위대한 사랑을 깨닫고 경험하며, 가족과 이웃을 동일한 사랑으로 보듬어 줄 수 있는 우리가 되기를 소망합니다.

ıııı 볼륨을 높여요

사랑은 여기 있으니 우리가 하나님을 사랑한 것이 아니요 하나님이 우리를 사랑하사 우리 죄를 속하기 위하여 화목제물로 그 아들을 보내셨음이라(요일 4:10).

오늘의 사연_

제2의 사춘기

딸의 결혼을 몇 달 앞둔 제게 이상한 현상이 나타났습니다.
그것은 극심한 우울감이었습니다. 뭔지는 모르겠지만 모든 것이
슬프고 허무한 느낌이 들기 시작한 것입니다.
사건은 어느 날 수요집회 때부터 시작됐습니다. 남편이
성경통독 순서에 따라 그날 말씀인 결혼과 이혼에 대한
메시지를 전하고 있었는데, 왠지 제 마음속에서 불편한 감정이
일기 시작했습니다. '저렇게 설교하면 쉽게 이혼해도 된다고

오해할 텐데 다른 설명을 더 해줘야 하는 거 아냐?' 남편의 설교를 판단하는 마음이 들면서 제어할 수 없는 화가 치밀어 올랐습니다.

그때 저는 왜 그렇게 화가 나는지 돌아볼 마음의 여유조차 생기지 않았습니다. 그저 제 마음 깊은 곳에서 화가 부글부글 끓다가 확 치솟아 오르는 것을 경험한 것입니다. 이게 웬 일입니까? 맨 뒤에 앉아 있던 저는 저도 모르는 사이에 설교 도중에 자리에서 벌떡 일어나 교회를 나오고 말았습니다. 사모인 제가 말입니다!

그러고는 무작정 차를 몰고 가다가 어느 텅 빈 주차장 안으로 들어섰습니다. 사방은 캄캄하고 어두웠습니다. 저는 구석에 차를 세워 두고 차 안에서 울기 시작했습니다. 정말 펑펑, 엉엉 소리 내서 구슬피 한참을 울었습니다. 그러다가 문득 '내가 왜 이렇게 울지?' 하는 의문이 생겼습니다. 정말 이렇게 서글피 울 이유가 하나도 없는데, 그리고 이렇게 분노할 이유가 하나도 없는데…. 그렇게 스스로 질문하면서도 울음을 멈출 수 없었습니다.

그날 저는 눈이 퉁퉁 부어서 밤 늦게 집으로 들어갔습니다. 그 후로 저는 신경이 아주 예민해져서 사사건건 남편과 부딪치기 시작했습니다. 남편이 무슨 말만 하면 서운하고, 어떤 행동을 하면 분노가 치밀어 폭발 일보 직전까지 이르렀습니다.

정말 평소의 제 모습이 아니었습니다. 저희 부부는 30년 넘도록 살아오면서 부부싸움이라 할 만한 싸움을 해본 적도 없었는데 말입니다. 그런데 이제는 제가 남편에게 싸움을 걸 판이었습니다.

그러던 어느 날, 교회 저녁집회가 끝나고 결국 일이 났습니다. 사소한 것에도 예민한 반응을 하는 제게, 그날 밤 남편은 조금 언짢은 투로 대꾸했습니다. 그런데 제 분노가 폭발하고 만 것입니다. 남편을 향해 정말 불같이 화를 내며 반발하자 남편은 '이 여자가 내 아내 맞나?' 하는 어이없다는 표정으로 저를 멍하니 쳐다보았습니다. 제가 생각하기에도 이건 보통 때의 내 모습이 아니라는 생각이 들 정도로 거친 말과 함께 분노를 표출하고 있었던 것입니다.

그런 저를 싸늘하게 바라보던 남편은 교회 밴을 타고 혼자 휑하니 떠나 버렸습니다. 저는 제 차에 앉아 또 울기 시작했습니다. 남편이 원망스럽고 미워서 한참을 서럽게 울다가 어디론가 떠나야겠다는 생각이 들었습니다. 그리고 그것은 차츰 실행으로 옮겨지기 시작했습니다.

'그래! 신용카드도 있고 차도 있으니 어디든 떠날 수 있어. 가자!

어디든 가버리자. 떠나 버리는 거야!'

이렇게 엉뚱한 생각을 하며 저는 무작정 차에 시동을
걸었습니다. 정말 지금 생각해도 제정신이 아니었지요. 어리석고
충동적이고 유치한 행동을 앞뒤 구별 없이 하려 했으니 지금도
당시의 제 모습을 생각하면 헛웃음이 나옵니다.

제가 막 떠나려고 하는 그때, 남편이 다시 교회 주차장으로
들어왔습니다. 그러고는 울고 있는 저를 운전석에서 떼어 내어
옆자리에 태우더니 집을 향해 차를 몰았습니다. 가는 내내
서럽게 우는 저를 남편은 힐끗거리고 쳐다보다가 평상시와
달라진 제가 아무래도 이상했는지 차를 길 옆에 세우고 저를
달래기 시작했습니다.

"요즘 당신 왜 그러냐고? 도대체 뭐가 잘못된 거야?"

저는 울면서 말했습니다.

"나도 몰라요. 내가 왜 이러는지…. 감정 조절이 안 돼서
무서워요. 정말 그게 제일 두려워요. 내 감정을 내가 어떻게 할
수가 없어요. 나도 내가 왜 이러는지, 왜 이러는지…."

그날 후로 이대로는 안 되겠다 싶어 저보다 나이가 많으신
권사님께 상담을 청했습니다. 부끄러웠지만 그동안의 일을
모두 말씀드렸습니다. 권사님은 제 말을 다 들으시더니 이렇게

말씀하셨습니다.

"사모님, 갱년기네요. 갱년기를 여자의 제2의 사춘기라고도
하잖아요. 저도 그 기간을 지났는데요. 저는 몸으로 더 심하게
왔었어요. 갑자기 몸에 불이 나는 것처럼 뜨거워져서 땀을 줄줄
흘리다가 또 갑자기 추워졌다가, 몸이 엄청 변덕스러워지는
거지요. 그런데 사모님은 감정으로 그게 다 온 것 같아요."

"예? 갱년기요…?"

"예에. 중년 여자들이 한 번씩은 다 겪고 지나간다는 갱년기를
사모님도 맞으신 것 같네요."

권사님의 말씀을 듣고 갱년기에 대해 자세히 알고 싶어
인터넷을 통해 정보를 수집하기 시작했습니다. 그리고 확실히
제가 갱년기 증상을 보이고 있다는 것을 확인했습니다.

권사님이 조언해 주신 대로 이 사실을 남편에게 알리고 도움을
청했습니다. 권사님은 이 기간을 잘 넘어가려면 본인도 물론
잘 대처해야 하지만 가족의 협조가 꼭 필요하다고 하셨습니다.
남편은 제가 준 정보들을 유심히 살펴보더니 고개를 끄덕이며
말했습니다.

"허허. 당신도 사람이네, 사람이야! 참, 내 생에 당신 이런 모습은
처음이다, 처음이야. 제2의 사춘기라… 허허."

그 후, 남편은 정말 저를 도와주려고 애쓰는 모습이
역력했습니다. 제가 예민해져서 트집 잡고 반발하면 부딪치지
않으려고 침묵했습니다. 그리고 눈치를 보며 제 주변을
맴돌았습니다. 제가 우울한 상태로 울적해져 있으면 안 하던
농담까지 하면서 저의 기분을 맞춰 주려 애를 썼습니다.
어느 날 밤엔, 제가 우울감에 사로잡혀 바다가 그립다고 했더니
말없이 저를 차에 태워 강가로 데려다주었습니다. 제가 살던
곳은 바다를 보려면 10시간 넘게 차를 몰고 가야 했기 때문에
강물이라도 보면서 위로를 삼으라는 남편의 배려였습니다.
11시가 가까운 한밤에 말입니다. 저는 그날 밤 아무도 없는
강가에서 하염없이 강물을 바라보며 눈물을 흘렸습니다. 남편은
그런 제 뒤에서 말 없이 오랜 시간을 기다려 주었습니다. 그렇게
저의 제2의 사춘기는 지나가고 있었습니다.
그러다 딸의 결혼식 준비로 바빠지자 저는 정신을 차리고
마음의 고삐를 단단히 잡게 되었지요. 저의 갱년기는 강하고
짧게, 그렇게 지나갔습니다. 참 유별난 갱년기였지요?
사람은 영적 존재이기도 하지만 감정을 지닌 정서적 존재이자
신체를 지닌 육체적 존재이지요. 영과 육과 혼이 하나인 전인적
존재인 것입니다. 그래서 한 부분이 병이 들면 다른 부분도

영향을 받지 않을 수 없습니다.

영적으로 병이 들면 정서적으로도 불안해지고 몸도 그에 따라 서서히 약해지게 마련입니다. 식욕이 없어지거나 소화가 안 되거나 가슴이 답답해지는 여러 증상이 일어나게 되지요. 또 한편으로는 오랫동안 육체적 병을 앓게 되면 자연히 정서적으로 우울해지고 영적으로도 침체됩니다. 영적인 삶도 중요하지만 감정을 다스리고 육체를 돌보는 것 역시 중요하고 필요한 일입니다.

여러분 중에도 혹시 지금 갱년기를 지나고 있는 분들이 계신지요? 조금 더 자신을 여유롭게 봐주시길 바랍니다. 가족에게 이해를 구하고 의학적으로 도움을 받으시길 바랍니다. 성령님의 도우심을 힘입어 그 어렵고 힘든 시간이 오히려 주님께로 더 가까이 다가가는, 은혜로 채워지는 시간이 되기를 축복합니다.

ⅲ 볼륨을 높여요

평강의 하나님이 친히 너희를 온전히 거룩하게 하시고 또 너희의 온 영과 혼과 몸이 우리 주 예수 그리스도께서 강림하실 때에 흠 없게 보전되기를 원하노라 (살전 5:23).

오늘의 사연_

거짓말

거짓말을 해서 어머니께 크게 매를 맞고 혼난 적이 있습니다.
네 살부터 아주 친하게 지내던 친구가 있었는데, 몇 년 후 저희
집이 이웃 동네로 이사를 가게 되었습니다. 그 바람에 매일 보던
친구를 자주 못 보게 되었지요. 저는 친구가 그리워지면 30분이
넘는 거리를 걸어 친구 집에 놀러 가곤 했습니다. 어머니는
저를 보내면서 언제까지는 집에 돌아와야 한다고 귀가 시간을
정해 주셨습니다. 만약 제가 그 시간을 어기면 어머니는 야단을

치셨습니다. 그래서 저는 친구 집에 도착하면 친구 어머니께 돌아가야 할 시간을 말씀드리고 시간이 되면 알려 달라고 부탁드리곤 했습니다.

그러던 어느 날, 친구 부모님께서 외출하시는 바람에 저와 친구와 친구의 언니들은 시간 가는 줄 모르고 놀게 되었습니다. 그러다가 그만 집에 갈 시간을 놓치고 말았지요. 제가 걱정하며 괴로워하고 있는데 저보다 서너 살 위인 친구 언니가 어머니의 벌을 피할 방법을 가르쳐 주었습니다. 그것은 '거짓말'이었습니다. 집에 돌아오다가 어떤 아저씨가 데리고 가려고 해서 붙잡혀 있다 도망 나왔다고 하라는 것입니다. 당시 유괴범에 대한 소문이 자자하던 터라, 어린 저는 정말 그렇게 하면 되겠다고 생각하고 두근거리는 마음으로 집에 들어갔습니다.

어두운 저녁에 도착한 저를 어머니는 무서운 얼굴로 바라보시며 왜 이리 늦었냐고 추궁하셨습니다. 저는 어머니가 너무 무서워서 언니가 시킨 거짓말을 그대로 하고 말았습니다. 저의 말을 들은 어머니는 그게 정말이냐고 다시 물으셨습니다. 그래서 정말이라고 했지요. 그러자 어머니의 얼굴이 사색이 되시는 것이었습니다. 그 사람이 너를 어떻게 하더냐고

꼬치꼬치 캐물으시는데, 어린 저는 무슨 말을 해야 할지 몰라
진땀을 뺐습니다. 그러다가 결국 거짓말한 것이 들통나고
말았습니다. 어머니는 싸리나무 회초리로 사정없이 저의
종아리를 치셨습니다. 늦은 것은 이해할 수 있지만 거짓말은
정말 나쁜 것이라고 하시면서 눈물이 쏙 빠지도록 매섭게 저를
때리셨습니다. 지금도 기억이 생생하니 그날의 충격이 저에게는
매우 컸던 것 같습니다. 어머니는 거짓말이 세상에서 가장 나쁜
것이라며 무서운 매로 저를 교훈하셨습니다.

그런 어머니의 교육으로 저는 정직을 높은 가치로 여기며 살게
되었습니다. 그런데 정직함이 그렇게 중요하다고 생각하며
살아온 제가 지금까지 정말 정직하게만 살아왔을까요?
부끄럽게도 그렇지 않습니다. 더구나 그리스도인이 된 후에도,
나도 모르게 튀어나오는 거짓말을 발견하면 얼굴이 화끈거리고
부끄러워지는 순간이 종종 있습니다.

어느 날, 우체국에 가서 소포를 부치는데 우체국 직원이
물었습니다. "소포 속에 편지가 있습니까?" 저는 생각할 겨를도
없이 "아니요"라고 자동적으로 대답을 했습니다. 그런데 실은
소포 안에 편지가 있었습니다. 편지는 따로 우표를 붙여 보내야
한다는 것을 순간적으로 떠올렸으면서도 저는 자연스럽게

"아니요"라고 대답한 것입니다. 돌아서는 제 얼굴이 얼마나 화끈거리던지요. 저도 모르게 튀어나오는 거짓말. '그리스도인이 이래도 돼?' 하면서 스스로를 사책했던 기억이 떠오릅니다. 또 한번은, 한국 방문을 마치고 미국으로 돌아가기 전에 친한 친구 몇이 모여 하룻밤을 지낸 적이 있습니다. 귀국하는 날 아침, 친구의 설거지를 돕는데, 유리컵에 금이 간 줄 모르고 열심히 씻다가 서걱 소리가 나도록 손을 깊게 베이고 말았습니다. 병원으로 달려갈 수밖에 없는 응급상황이 생기고 만 것이지요. 의사는 상처가 깊어서 신경이 손상됐을 수 있으니 수술을 서둘러야 한다고 했습니다. 심각한 표정을 짓는 의사의 말에 우리 모두는 긴장했고, 친구는 자신의 보험으로 해야 병원비를 줄일 수 있다면서 서둘러 저를 등록시켰습니다.

경황이 없던 터라 친구가 시키는 대로 했는데 시간이 지날수록 마음이 무거워지고 불편해지기 시작했습니다. 친구는 저를 부를 때 자신의 이름으로 불러야 할 판이었습니다. 처음에는 이름을 바꿔 부르는 게 우스워서 따라온 친구들과 같이 웃기도 했는데, 점점 다른 사람들에게 거짓말을 하고 있다는 생각이 뚜렷해지기 시작했습니다. 더구나 목회자의 아내인 제가 이럴 수는 없다는 생각에 친구에게 조용히 제 심정을 말했습니다. 친구는 저에게 이렇게 말했습니다.

"걱정 마, 충희야. 여기선 다 이렇게 해. 너 돈도 없는데 보험 없으면 병원비가 얼마나 비싼데…. 수술도 해야 한다잖아. 그냥 내 보험으로 해. 내가 알아서 할게."

결국 저는 그날 다른 병원으로 옮겼고 제 이름으로 등록해서 수술을 받았습니다. 나중에 알고 보니 제 미국 보험이 한국에서도 적용된다고 하여 수술비와 입원비 일부를 보상받을 수 있었습니다.

어디 이뿐이겠습니까? 의식했든 의식하지 못했든, 지금까지 살아오면서 얼마나 많은 거짓말을 했을까요! 사실보다 과장된 표현으로, 때로는 자존심 때문에, 혹은 곤혹스런 순간을 모면하기 위해 한 거짓말이 얼마나 많았을까요.

성경에는 거짓말 때문에 그야말로 망신을 당한 부자(父子) 이야기가 나옵니다. 아버지 아브라함과 아들 이삭입니다. 가뭄을 피해 애굽으로 내려간 아브라함은 목숨을 건지기 위해 아리따운 미모의 아내 사라를 누이라 속입니다. 결국 아내를 바로에게 내주는 결과를 맞게 되었지요. 하나님께서 간섭하셔서 두 사람을 보호해 주지 않으셨다면 언약의 아들 이삭은 이 세상에 없었을 것입니다. 이런 일이 한 번뿐이면 또 이해하겠는데, 아브라함은 그 후에도 아비멜렉 왕에게 똑같은 거짓말을 합니다. 그때도 하나님께서는 그들을 곤경에서 구해 주십니다. 그 아버지의 그 아들이라고, 이삭도 똑같은 거짓말로 아내에게 부끄러운 남편이 되고 맙니다.

거짓말은 두려움에서 오는 것 같습니다. 진실을 말하면 손해를 보거나 어려움이 닥칠 것 같아 거짓말을 하게 되는 것이지요. 당장의 위기와 손해를 모면하려고 거짓말을 합니다. 우리가 사는 이 세상은 거짓으로 가득 차 있는 듯합니다. '불신사회'라 해도 과언이 아닙니다. 정부도 못 믿고, 위정자도, 선생도, 의사도 심지어 목사와 그리스도인끼리조차도 서로 못 믿는 세상이 되었습니다. 서로에게 손가락질하며 신뢰가 무너진 세상…. 그야말로 거짓말을 밥 먹듯 하는 세상에서 우리는 살고 있지요. 정직한 사람이 드문 세상이 되고 말았습니다.

사실 거짓의 우두머리는 사단입니다. 성경은 사단을 거짓의 아비라고 부릅니다. 거짓의 배후에는 악한 영이 도사리고 있다고 성경은 기록합니다. 사람을 불순종의 죄에 빠뜨린 원흉도 거짓말로 유혹한 사단입니다. 그래서 하나님께서는 그토록 거짓을 미워하시는 것입니다.

저는 그리스도인을 묘사하는 말을 하나 고르라면 '진실'을 꼽고

싶습니다. '진실한' 그리스도인! 그렇습니다. 그리스도인은
진실해야 합니다. 거짓 없는 정결한 양심을 지닌 사람이 진실한
사람입니다. 그런데 이 진실을 지키기는 쉽지 않습니다. 죄성을
지닌 우리는 조금만 방심하면 진실에서 벗어나 거짓의 길에
들어서기 쉽기 때문입니다.

오직 성령께서 우리 마음을 채워 주시고 주장하실 때, 우리는
진실의 사람으로 살아갈 수 있습니다. 누군가를 향해 비난하던
손가락을 거두어들이고 우리 자신이 먼저 거짓을 버리는
사람이 되기를, 그러한 진실한 그리스도인이 되기를 성령님께
간구드립니다.

◗◗◗ 볼륨을 높여요

그런즉 거짓을 버리고 각각 그 이웃과 더불어 참된 것을 말하라 이는 우리가 서
로 지체가 됨이라(엡 4:25).

오늘의 사연_

건망증

"으~ 어, 어떻게 해? 어떻게 하지?"

저는 소스라치게 놀라 온몸이 쪼그라드는 듯했습니다. 아침에 전기 스토브에 올려놓은 냄비가 갑자기 떠오른 것입니다. 냄비 안에는 달걀 네 개가 있었고, 냄비를 불에 올려놓은 지는 족히 세 시간이 지났습니다.

설상가상, 집에는 아무도 없었습니다. 남편은 새벽부터 교회에 갔고 저는 집으로 돌아갈 상황이 아니었습니다. 그때 제가 있던 곳이 어디였는지 아십니까? 바로 비행기 안이었습니다!

여선교회 예배를 인도하기 위해 저는 콜로라도 덴버로 향하는 비행기에 앉아 있었던 것입니다. 비행기 안에서 먹을 달걀을 삶기 위해 스토브에 냄비를 올려놓고는, 그것을 깜빡 잊고 그대로 공항에 나와 비행기를 탔으니…. 이륙한 지 한 시간은 지났는데, 이를 어쩌면 좋단 말입니까? 냄비가 시뻘겋게 달아오르고 연기가 마구 치솟다가 불이 붙어 주변으로 불길이 번져 나가는 상황이 상상으로 펼쳐지자 저는 비행기 안에서 발을 동동 구를 수밖에 없었습니다. 황급한 마음에 주변을 둘러보는데 비행기 좌석 앞에 붙어 있는 전화기가 한눈에 들어왔습니다.

"아니, 이 무슨 은혜란 말인가!" 정말 하나님께서 하늘에서 금동아줄을 내려 주신 것 같아 뛸 듯이 기뻤습니다. 요즘 비행기 좌석에 전화기가 부착되어 있는 것은 흔한 일이 아니었기에 정말 제게는 기적 같은 순간이었습니다.

저는 교회에 있는 남편에게 부랴부랴 전화를 걸었습니다.

"여보, 여보! 어쩌면 좋아요? 글쎄 내가 스토브에 달걀 냄비를 올려놓고 안 끄고 왔어요! 불이 났으면 어떻게 하지요? 아! 나 몰라! 빨리, 어서 집으로 가보세요!"

남편은 제 전화를 받고 순식간에 집으로 달려갔습니다. 나중에 이야기를 들어 보니 남편 역시 '아이쿠, 이 여자가 집을 태워 먹는구나' 하는 마음으로 달려갔다고 합니다. 집에 들어서니 정말 온 집 안에 시커먼 연기가 가득하고 냄비는 숯처럼 새카맣게 타들어 가고 있었답니다. 나중에 집에 와서 보니 달걀 탄 냄새가 얼마나 고약하던지요! 집 안 구석구석 탄 냄새가 스며들어 별의별 수단을 써봐도 냄새가 빠지지 않았습니다. 그 고약한 냄새가 3개월은 갔던 것 같습니다.

웃지 못할 이야기, 혹시 저만의 이야기라고 하시지는 않겠지요? 나이가 들면서 건망증의 수준은 점점 높아만 갑니다. 빤히 알고 있는 오래된 성도님들의 이름이 "이? 최?" 하며 입술에서만 맴돌고 떠오르지 않을 때, 무언가를 가지러 방에 들어갔는데 무엇을 가지러 갔는지 생각나지 않을 때, 주일 아침에 만난 집사님과 약속을 했는데 그 후로 까맣게 잊고 실수할 뻔할 때…. 이럴 때가 한두 번도 아니고 허다합니다. 은근 치매가 올까 봐 겁도 나고, 노화되는 뇌세포들을 떠올리며 마음이 씁쓸해지기도 합니다.

제 주변에는 치매로 고생하는 분들이 계십니다. 남편이 목사로 부임하여 처음 심방을 간 곳이 치매에 걸린 권사님

댁이었습니다. 권사님 아들 부부가 맞벌이를 했기 때문에 낮에는
교회 집사님이 와서 돌보아 드렸습니다. 권사님은 가끔씩 천장을
올려다보며 "아버지! 나 좀 데려가 주세요! 예에? 아버지 저 좀
빨리 데려가 주세요!" 하며 소리를 지르곤 하셨습니다. 저희
부부가 권사님 곁에 앉아서 소개를 하면 "목사님?" 하고 눈을
반짝이며 "목사님, 목사님. 우리 목사님! 사모님이랑 수고가
많으시네요!" 인사를 하셨습니다. 그리고 조금 있다가는 또
누구냐는 표정으로 저희 부부를 쳐다보셨지요. 때론 남편을
아들로 착각하시기도 했습니다. 금방 식사를 하고도 배고프다며
밥을 달라고 하시기도 했지요.

그러나 그렇게 정신이 오락가락하시는 권사님께서 예배
하나만큼은 정말 똑 부러지게 잘 드리셨습니다. "아버지,
주여!" 하면서 기도를 하고 찬송도 따라 부르셨습니다. 그리고
놀랍게도 〈이 몸의 소망 무엔가〉, 〈하늘 가는 밝은 길이〉, 〈내
주를 가까이〉 등 찬송가 가사를 1절부터 4절까지 모두 외워서
쩌렁쩌렁 부르시는 것이었습니다. 예배드릴 때의 권사님은
정신이 말짱하신 것만 같아서 갈 때마다 저희 부부는 감탄하곤
했습니다.

또 다른 권사님도 치매에 걸리셨는데 시편 23편을 글자 하나

틀리지 않고 줄줄 외우시는 모습이 너무 감사하고 놀라워서 동영상에 담은 적도 있습니다.

영혼의 세포는 죽지 않는 것 같습니다. 성령님을 통해 구원의 인치심을 받은 영혼은 세상 그 무엇도 앗아 가지 못하는가 봅니다. "사망이나 생명이나…다른 어떤 피조물이라도 우리를 우리 주 그리스도 예수 안에 있는 하나님의 사랑에서 끊을 수 없으리라"라는 로마서 8장 말씀처럼 말입니다.

치매에 걸린 권사님이 아들은 못 알아봐도 하나님은 잊지 않으시고, 어린애같이 어리광을 부리다가도 기도는 용사처럼 하시며, 조금 전에 한 이야기는 까먹어도 찬송가는 4절까지 외워서 쩌렁쩌렁 부르시는 모습을 보았을 때, 저는 눈물이 나도록 감격스러웠습니다. 영원히 지워지지 않는 하나님의 은혜, 구원, 생명, 천국…!

그분들을 보며 저도 성경 암송에 도전하고 있습니다. 제가 늙어서 다른 기억은 못해도 성경 말씀을 줄줄 외우며 그것을 나의 영혼에게 들려주고 다른 사람들도 들을 수 있게 한다면 정말 좋겠다고 생각하면서 말입니다. 말씀을 암송하면 그 말씀의 깊이가 점차 풍성하게 다가옵니다. 그리고 무엇보다 무기가 가득 찬 영적 무기고를 간직하게 됩니다. 말씀의 검을 찾아 사용한다면 근심과 염려는 사라지고 감사와 기쁨이 가득해지리라 믿습니다.

건망증도 말씀 앞에서는 힘을 쓰지 못합니다. 말씀 앞에서는 치매도 꼬리를 내립니다. 말씀으로 충만해지는 은혜가 우리 모두에게 있기를 원합니다.

ⅢⅢ 볼륨을 높여요

내가 주의 법을 어찌 그리 사랑하는지요 내가 그것을 종일 작은 소리로 읊조리나이다…주의 말씀은 내 발에 등이요 내 길에 빛이니이다(시 119:97, 105).

오늘의 사연_

마귀들의 회의

"대장님, 일 마치고 돌아왔습니다!"

얼굴이 상기된 마귀들이 북적이며 대장 마귀가 있는 어두컴컴한

방으로 들어섰습니다.

"그래! 결과는?"

대장 마귀는 어둠 속에서 낮은 목소리로 물었습니다.

"대장님, 기뻐하십시오. 작전대로 일이 잘 풀렸습니다."

"흠… 그래? 어디, 보고를 들어 볼까?"

그제서야 대장 마귀는 비스듬히 누운 몸을 일으켜 세웠습니다.

"예, 대장님. 저희가 이번에 맡은 소임은 N도시에 있는
교회였습니다. 요즘 그 교회가 직분자 선출 문제로 복잡한데
저희가 가서 교인들의 마음에 오해와 불신을 심어 주고
편가르기로 결판을 내고 왔지요. 아마 몇 주 후면 교회가
싸움질로 아수라장이 되고 말 것입니다."

보고하는 마귀의 얼굴은 의기양양했습니다.

"그래? 그거 잘됐군! 하지만 그렇다고 너무 마음 놓지는 말게.
수시로 가서 감시하고 충동질하는 거 잊지 마. 특히 성경
가까이에는 얼씬도 못하게 하고 기도는 더더욱 안 돼! 물론 제
욕심대로 기도하는 자들은 그대로 놔두고!"

"물론입니다, 대장님. 걱정 붙들어 매십시오! 편 가르기에 앞장설
자들을 점찍어 두었습니다. 그들을 앞세워 교회를 대적하게
만들겠습니다. 이 일을 위해 다음번에는 졸개들을 더 데려가려고
합니다."

보고를 마치기가 무섭게 뒤에 서 있던 작은 졸개 마귀들이
우르르 몰려 나와 대장 마귀 앞에 무릎 꿇고 머리를 숙였습니다.

"흠… 그래, 우리 애기들은 어떻게… 첫 임무를 잘 수행했나?"

"예예예, 대장님! 저희도 대체로 성공했습니다요!"

"오호? 그래?"

"예예예! 저희 임무는 기도하는 놈들을 방해하는 것이었습죠.
저희는 힘을 합쳐서 단체로 놈들을 괴롭혔습니다. 놈들을
졸음에 빠지게 하고 나쁜 공상들로 못살게 굴었습니다. 헤헤.
기도하는 놈들 코앞에 가서 '졸아라, 졸아라. 아이구, 졸려'
하고 주문을 계속 외우면 백발백중 안 조는 놈이 없더라고요.
게다가 우리가 힘을 합쳐 나쁜 공상들을 계속 갖다 뿌려 주니까
결국은 다른 생각을 하다가 기도를 포기하더라니까요. 헤헤.
그렇긴 한데… 뭐 한두 놈은 아무리 애를 써도 넘어오지 않아
고생 좀 했습니다만… 그래서 무서움을 주었지요. 무서움은
아무나 이기지 못하니까요. 무서움에 지면 다시는 그 자리에서
혼자 기도할 수 없게 되지 않습니까요? 그래서 저희가 최후의
수단으로 아주 무시무시한 두려움을 주기로 작전을 바꿨지요.
저희가 뺑 둘러서서 아주 무서운 모습을 보여 주었습니다요.
처음엔 그놈 머리카락까지 쭈뼛해지더라고요. 그래서 성공이다
생각했는데, 조금 있다 놀라 자빠지는 줄 알았습니다. 하이고!
저희에게 예수 이름으로 물러가라고 하더니 소리 소리 지르며
더 기도를 열심히 하더라고요. 저희 간이 다 오그라지는 줄
알았습니다요. 그놈, 땀까지 흘려 가면서 눈물 콧물에 회개

기도에… 뭐라더라? 형제를 용서한다고 하면서 통곡을
하더라니까요….”

그때 대장 마귀가 앞에 놓인 탁자를 주먹으로 쾅 내리쳤습니다.
그러자 졸개 마귀들이 쩔쩔매며 고개를 땅으로 처박았습니다.
대장 마귀는 크게 한숨을 쉬며 말했습니다.

“흐흠… 그래, 나도 그런 놈들을 몇 번 상대해 보았지. 그런
놈들은 우리도 쉽지가 않아. 목숨 걸고 기도하는데 우리가
어쩌겠어? 거기 더 머물러 있다간 무슨 일이 생길지 모르니
차라리 잘 빠져나왔다. 그래도 꼬마들이 첫 임무를 그런대로 잘
수행했구나. 잠든 놈에, 나쁜 공상하고 있는 놈들이라니… 꼴
좋구나. 흐흐흐.”

그때 먼 발치에서 눈이 파란 키 큰 마귀가 천천히 앞으로
걸어 나왔습니다. 대장 마귀는 자세를 고쳐 앉고 키 큰 마귀를
정면으로 주시했습니다.

“그래, 이번에는 성공했나?”

두 마귀의 분위기가 심상치 않자 다른 마귀들은 눈치를 살피며
뒤로 물러섰습니다.

“형님, 역시나 쉽지 않더군요.”

“그랬겠지…. 좀 오래 믿은 놈인가?”

"오래 믿은 놈들이야 많지요. 연수가 문제가 아니라 그놈은 좀…
다루기가 쉽지 않아요. 벌써 몇 해 동안 공략한 놈이지 않습니까.
그놈은 포기하는 게 낫지 싶습니다…."

"무슨 소리야? 우리에게 포기란 없다. 이 세상에 있는 한, 죽는
순간까지 따라가는 게 우리 임무야!"

대장 마귀는 버럭 소리를 지르며 언짢은 듯 짜증을 냈습니다.

"죄송합니다, 형님! 다시는 그런 말씀 드리지 않겠습니다. 그런데
형님… 그놈은 암 선고를 받고도 전혀 요동을 않습니다. 어떻게
죽음을 앞에 놓고도 저렇게 여유가 있는지… 저놈은 진짜일
가능성이 높습니다. 이런 놈들은 정말 우리가 어떻게 해야 할지
막막합니다!"

"그만! 그만하라구! 그런 놈들은 딱 질색이야! 꼴도 보기 싫어!
그런 놈들은 우리의 적수 중에 적수지. 우리 힘을 쪽쪽 빠지게
하는 놈들이야. 기다리면서 기회를 보자구. 언젠가 우리에게
기회가 오게 될 거야. 포기하지 말란 말이다. 우리 때가 얼마 안
남은 거 알잖아? 그때까지는 우리가 더더욱 힘을 합쳐야 돼."

대장 마귀는 마지막 말을 다른 마귀들이 들을세라 목소리를
한껏 낮춰 속삭이듯 말했습니다.

"자, 수고들 했다! 너희가 이 방을 나가기 전에 공부할 게 있다.

문제를 낼 테니 맞춰 보거라. 여기 동영상을 잠깐 보아라."

대장 마귀는 커다란 벽면에 동영상을 띄웠습니다. 거기에는 아주 경건해 보이는 그리스도인이 바쁘게 봉사하는 장면이 나타났습니다.

"저놈은 S시 교회 집사다. 우리가 경계 대상으로 삼았던 놈이지. 그런데 다행히 요 몇 해 맛이 좀 갔어. 겉으로 보면 예전처럼 열심히 신앙생활을 하는 것 같은데 속에서 냄새가 좀 난단 말이야."

"무슨 냄새입니까?"

"냄새가 나…. 그건… 교만의 냄새지. 자기 의가 가득 쌓인 놈이야. 365일 거의 매일 큐티를 해대는 놈이거든. 모르는 말씀이 없을 정도지. 기도는 얼마나 유창하게 잘한다고. 겉으로 보면 그리스도인으로서 나무랄 데 없는 놈이라 할 수 있지."

대장 마귀가 말을 마치자 졸개 마귀들은 "아!" 하고 탄성을 지르며 고개를 끄덕였습니다.

"그래서 말인데… 나는 오늘 저놈을 한 방에 끝내고 싶단 말이지. 그래서 너희에게 문제를 내는 거다. 지금 저놈이 큐티를 하는 시간인데 갈등하고 있거든. 회의하고, 성경공부하고, 오늘 교회 대청소까지 하느라 몸이 많이 피곤할 거야. 자, 문제는 이거다.

저놈을 지금 우리가 어떻게 해야 하겠나?"

대장 마귀가 눈을 희번덕거리며 졸개 마귀들을 둘러보았습니다.

"우리가 요즘 쓰는 수법으로 무너뜨리면 된다고 생각합니다.

졸게 하거나 나쁜 공상을 주어서 하나님과 교제를 못하게 하는

거지요. 저렇게 피곤하니 몇 분 안에 해치울 수 있을 겁니다!"

졸개 마귀는 의기양양하게 대답했습니다.

"다들 그렇게 생각하나?"

남은 마귀들이 서로 눈치를 살피며 그렇다고 고개를

끄덕였습니다. 그러자 키 큰 마귀가 그 파란 눈을 빛내며

반대의견을 냈습니다.

"형님, 그놈은 그대로 두는 게 낫습니다. 말씀 보고 기도하도록

내버려 두십시오!"

그 말을 들은 대장 마귀의 눈빛이 반짝하더니 입가에 음흉한

미소가 새어 나왔습니다.

"왜 그렇게 생각하지?"

"저놈은 늘 그런 식이지요. 아무리 바쁘고 힘들어도 자신이

만들어 놓은 규칙을 깨는 일은 좀처럼 없으니까요. 빨간

동그라미로 표시를 해가며 자신의 훈련에 점수를 매기고 있어요.

이제껏 잘해 왔는데 오점을 남기기 싫겠지요. 저런 놈은 하던

대로 내버려 두어야 합니다.”

“맞다! 역시 넌 다른 녀석들하고 다르구나. 키운 보람이 있다. 저 녀석은 철저하게 경건생활을 하도록 두어서 좀더 자기 의를 쌓게 만들어야 한다. 그게 비결이지. 자기도 모르게 교만의 깊은 웅덩이에 빠지게 하는 거다. 거기서 빠져나오려면 아주 고통스러운 과정을 거쳐야 하지. 쉽지 않을 거야. 그러니 그대로 내버려 두는 게 낫다. 그냥 두거라!”

대장의 말을 듣고 졸개 마귀들이 아차 싶어 머리를 긁적였습니다. 그러자 대장 마귀는 자리에서 몸을 벌떡 일으켰습니다. 장대하고 위협스런 몸집이 드러나자 마귀들조차도 두려움에 싸일 정도로 어두운 기운이 방 안에 가득했습니다. 대장 마귀는 검푸른 망토를 활짝 펼치더니 위용 있게 선포했습니다.

“예수가 가장 미워하고 싫어하는 게 뭔지 아느냐? 마음이 없어진 신앙생활이다! 신령과 진정이 사라진 예배지. 경건의 껍데기만 있고 능력은 없는 것이다. 주일성수, 봉사, 성경공부 다 하는데 마음은 딴 데 가 있는 상태란 말이다!”

포효하는 듯한 대장 마귀의 얼굴에 미움과 멸시의 표정이 드러났습니다.

"우리의 목표는 그리스도인 놈들을 21세기 바리새인으로 만드는 것이다! 신앙생활에 익숙해져서 몸만 교회에 다니게 하는 것이지. 입술에 기름이 반질반질하게 만들어라. 서로 판단하게 하고 외식하는 자들이 되도록 만들어라. 공식석상에서 기도하게 하고 골방은 텅텅 비게 만들어라. 돈으로 직분을 사게 만들고 명예를 탐하게 하라! 카멜레온으로 만들어라. 세상 어디든, 만나는 사람이 누구든, 가는 곳마다 색을 바꿔서 적응하도록 하게 하라. 지도자들은 돈과 명예와 성으로 끈질기게 유혹하라. 사람을 기쁘게 하는 교회로 만들어라!"

한번 시작된 대장 마귀의 설교는 끝날 것 같지 않았습니다. 어둠 속에서 울리는 대장 마귀의 목소리. 그것은 삼킬 자를 찾아 두루 헤매는 사자의 으르렁거리는 소리였습니다!

ⅢⅠ 볼륨을 높여요

근신하라 깨어라 너희 대적 마귀가 우는 사자같이 두루 다니며 삼킬 자를 찾나니 너희는 믿음을 굳건하게 하여 그를 대적하라 이는 세상에 있는 너희 형제들도 동일한 고난을 당하는 줄을 앎이라 (벧전 5:8-9).

오늘의 사연_

하프타임

지금 여러분 앞에는 흰 상자가 하나 놓여 있습니다.

상자는 비어 있는데요. 그 상자 안에 제가 지금 드리는 질문에

답을 써서 넣어 주셨으면 합니다. 제 질문은 바로 이것입니다.

여러분이 이제까지 살아온 시간 말고, 앞으로 남은 인생을

무엇을 위해, 어떻게 살고 싶은지 적어 주시면 됩니다. 가장

원하는 삶의 모습을 딱 한 가지만 적을 수 있습니다.

자, 여러분은 종이에 무엇을 써서 상자 안에 넣으시겠습니까?

《하프타임》이라는 책을 쓴 밥 버포드는 '이 상자 속에 당신은 무엇을 써넣을 것인가?' 하는 질문을 던지며 독자들에게 도전을 줍니다. 하프타임은 운동경기 전반부와 후반부 중간에 잠시 숨을 고르는 시간을 의미하는데, 인생이라는 경기에서도 그런 하프타임이 필요하다는 것입니다. 인생이라는 경기의 전반전을 살펴본 후, 다시 숨을 고르고 후반전에 들어가라는 말이지요. 저자는 인생의 승부가 전반전이 아니라 후반전에 달려 있다고 말합니다. 전반전이 성공을 위해 달려온 삶이라면 후반전은 의미를 추구하는 삶, 소명과 사명을 따르는 삶이어야 한다는 것입니다. 그래서 생애 최고의 순간을 오히려 후반부에서 누리라고 저자는 권면하고 있습니다.

제 가까이에 하프타임을 가진 후 삶의 후반부를 더 멋지고 의미 있게 살아온 소중한 분들이 있습니다. 그분들은 하프타임 동안 자신의 삶을 하나님 앞에서 돌아보다가 흰 상자 안에 '하나님을 기쁘시게!'라는 글을 써넣었지요.

그중 한 분이 김 선교사님입니다. 선교사님은 평신도로서 성가대 지휘자로 오랫동안 섬긴 분이었습니다. 쉰이 넘은 나이에 신학공부를 하시고 멕시코 유까딴 반도라는 곳에서 인생 후반전 경기를 새로 시작하신 분입니다. 자녀들과 함께 미국 사회에서 안정된 삶을 살 수 있는 여건이 충분히 갖추어져 있었지만 모험의 결단을 하신 것이지요. 20년 전 멕시코 유까딴은 참으로 열악한 환경이었습니다. 아이들은 울퉁불퉁한 흙길을 맨발로 걸어 다녔고, 집이라고는 나뭇가지와 잎으로 얼기설기 엮은 것이 전부였습니다.

흙바닥 위에 해먹을 두세 개 걸고 어른부터 아이까지 공중에 매달려 잠을 잡니다. 해먹은 멕시코 사람들의 전통 침대인데, 기둥이나 나무 사이에 걸어 놓은 그물침대를 말합니다.

유까딴 산골 마을 서민들의 양식은 옥수수 가루를 반죽해서 구운 또르띠아와 집 주변에서 얻을 수 있는 약간의 과일이 전부입니다. 물은 빗물을 받아 두었다가 사용하지요. 그런 곳에서 선교사님 부부는 인생 후반전을 새로 시작하신 것입니다.

깊은 산골 지역을 다니면서 교회를 세우고 지도자를 양성하는 사역을 하는 선교사님. 마리다 공항에서 국도로 7시간, 비포장도로로 5시간을 가야 산골 마을에 도착하는데, 저희 교회 단기 선교팀은 매해 이곳에 다녀왔습니다. 저도 몇 차례 선교팀에 합류했지요. 제가 갔던 어느 해에는 600여 명의 산골 주민이 이 마을 저 마을에서 수십 리를 걸어 모여들었습니다.

별이 와르르 쏟아질 듯 밤하늘이 가깝게 느껴지던 밤, 산골 주민과 함께 드린 예배의 감격을 저는 지금도 잊을 수 없습니다. 하늘을 이불 삼고 돌을 베개 삼아 잠을 잔 날이 많다는 선교사님의 검은 얼굴은 세상에서 가장 행복한 사람의 얼굴이었습니다.

몇 해 전에 하나님 품으로 돌아가신 김 선교사님은 분명 인생 전반부보다 후반부를 더 멋지고 위대하게 이루신 분임을 확신합니다. 하프타임 동안 성공을 위한 삶을 접고 하나님을 기쁘시게 하는 삶을 선택한 고귀한 발자취를 기억합니다. 하프타임에 후반전을 멋지게 반전시킨 또 한 분을 소개하고 싶습니다. 이 선교사님은 저처럼 아주 평범한 여인이었습니다. 그러나 그분 역시 하프타임 동안 하나님 앞에서 고심했습니다. 그러고는 흰 상자 안에 '하나님, 저를 사용해 주세요. 주님의 기쁨이 되기 원합니다"라고 적어 넣었습니다.

이 선교사님은 10년 넘게 북한에서 귀한 사역을 감당하고 계십니다. 위험을 무릅쓰고 고아와 여성을 위해 헌신하는 선교사님을 보면, 하나님의 위대하심을 절로 찬양하게 됩니다. 인간적으로는 연약하고 부족할 수 있으나 하나님께서 함께하시니 그녀의 생은 보석처럼 값지고 귀하게 되었습니다. 선교사님을 통해 드러나는 그리스도의 빛이 얼마나 아름답고 황홀한지요!

혹시 하프타임이 두려우십니까? 물론 모든 사람을 하프타임 후에 선교사로 부르시는 것은 아닐 것입니다. 다양한 방법과 모양이 있을 수 있지요. 중요한 것은 인생 후반부에 아무리 나이 들고 육신이 연약해져도 영혼과 마음을 더욱 견고히 세우는 일입니다. 물론 준비 없는 충동적 헌신은 위험할 수 있습니다. 자신뿐 아니라 주변 사람에게도 실망과 후회만 남기기 때문이지요. 남은 생을 잘 준비하여 지혜롭게 살기를 원합니다. 그러려면 내가 할 수 있는 작은 일부터 첫걸음을 떼야 하지 않을까 생각합니다.

지금 이 시간, 하나님 앞에서 '타임아웃'을 외칩니다. 미지근했던 우리 삶에 뜨거운 열정을 불어넣어 주시기를 간구합니다. '그분'이 우리 안에서 새 일을 시작하실 것입니다!

ⅲⅲ 볼륨을 높여요

내가 이미 얻었다 함도 아니요 온전히 이루었다 함도 아니라 오직 내가 그리스도 예수께 잡힌 바 된 그것을 잡으려고 달려가노라(빌 3:12).

오늘의 사연_

오래된 액자

저희 집 거실에는 오래된 액자가 하나 걸려 있습니다. 액자에는
한자로 다섯 글자가 적혀 있습니다. 단아하면서도 정갈하여
눈길이 가는 붓글씨입니다. 이 액자는 중학교 시절부터 저를
아껴 준 선생님이 유품으로 남겨 주신 것인데, 선생님의 유언에
따라 가족분들이 제게 액자를 보내 주신 것이지요. 글씨를 쓴
사람은 일본의 유명한 기독교 작가라고 합니다. 기독교 작가가
쓴 글이니 신앙적인 내용일 것이라고 짐작은 했지만, 사실 그

다섯 글자에 어떤 뜻이 담겨 있는지 정확히 알 수는 없었습니다.

액자 안에 쓰여진 글자 중, 제가 읽을 수 있는 글자는 네

개였습니다. 첫 번째 글자인 '주님' 할 때 '주'(主), 두 번째 글자인

'위하여' 할 때 쓰는 할 '위'(爲), 세 번째 글자인 '나'라는 뜻의

'아'(我), 마지막 글자인 '몸'을 의미하는 '신'(身). 주, 위, 아, 신은

알아보겠는데 네 번째 글자는 제게 매우 생소했습니다.

그렇게 뜻을 잘 알지 못하는 붓글씨 액자가 수년 동안 저희

집 거실에 걸려 있었지요. 저희 집을 방문했던 분들 중에도 그

글자를 아는 분은 없었습니다.

그러다가 저희 옆집에 중국 유학생 가족이 이사 왔을 때 기회는

이때다 싶어 네 번째 글자가 무엇인지 물어보았습니다. 그랬더니

그들 부부는 '사'(捨) 자라고 가르쳐 주더군요. 뜻은 '버리다'라고

했습니다. 마침내 저희 부부는 액자 속의 글귀를 해석할 수 있게

되었습니다.

'주위아사신! 주를 위해 나의 몸을 버린다!'

무슨 뜻인지 몰라 구경만 하다가 드디어 액자 속 글의 의미를

이해할 수 있게 되자 저희 부부는 오래된 수수께끼를 푼 듯 속이

시원했습니다. 그리고 주를 위해 나를 버린다는 결단과 헌신으로

한 획 한 획 정성 들여 글을 써내려 갔을 작가의 신심을

떠올렸습니다. 액자를 볼 때마다 나도 그런 마음으로 신앙생활을 해야겠다고 마음을 새롭게 다지곤 했지요.

그런데… 이 해석이 정말 큰 오해였다는 것을, 수년이 지난 후에 알게 되지 않았겠습니까? 남편이 목회를 시작하고 교회에서 처음 중국으로 파송한 선교사님 가정이 방문했을 때의 일입니다. 아침 식사를 마치고 차를 마시던 선교사님이 그 액자를 한참 바라보더니 "목사님, 이거 누가 쓴 거예요? 아주 잘 쓴 글씨네요!" 하며 칭찬하셨습니다.

"예, 그렇지요? 사실 저희는 오랫동안 네 번째 글자가 무슨 뜻인지 몰랐거든요. 옆집에 살던 중국 사람이 '버릴 사' 자라고 가르쳐 줘서 그제서야 알게 됐어요. '주님을 위해 나의 몸을 버린다.' 주를 위해 죽겠다는 사도 바울의 고백이 떠오르는 글귀이지요."

"예에? 목사님, 하하… 그건 거꾸로 해석하신 거예요. '주님을 위해 나의 몸을 버린다'가 아니라 '주님이 나를 위해 몸을 버리셨다'라는 뜻이죠. 그렇게 해야 바른 해석이 되는데요!"

"예에? 선교사님 지금 뭐라고 하셨어요? 주님께서 나를 위해 몸을 버리셨다고요? 아니, 주를 위해 나의 몸을 버린다, 나를 드린다는 헌신의 뜻이 아니고요?"

부엌에서 설거지를 하던 저는 선교사님의 말에 깜짝 놀라 껄껄 웃고 계시는 선교사님께 되물었습니다.

"하하, 사모님. 그냥 글자 순서 그대로 해석하시면 됩니다."

"에구머니나! 저희는 여태까지 거꾸로 해석하고 있었네요…. 선교사님이 아니었으면 계속 오해하면서 지냈을 뻔했어요. 주위아사신! '주님께서 나를 위해 몸을 버리셨다'는 뜻이었군요!"

저는 선교사님을 통해 올바른 해석을 듣고 마음속에 적잖은 충격을 받았습니다. 이 잘못된 해석이 제게는 큰 도전으로 다가왔습니다. 두 가지 해석에는 우리 신앙생활의 본질적인 문제가 담겨 있다고 생각했기 때문입니다.

저는 왜 생각해 보지도 않고 '주위아사신'을 주님을 위해 나의 몸을 버린다는 헌신의 뜻으로 이해했을까요? 그리고 왜 그것이 잘못된 해석은 아닐까 한 번도 의심해 보지 않았을까요? 아마도 그 해석에는, 그 즈음 제 신앙생활의 단면이 그대로 반영되었기 때문은 아닐까 돌아보게 됩니다. 그래서 그렇게 두 번 생각 안 하고 단번에 받아들였을 가능성이 많지요.

하나님의 은혜로 구원받은 이후, 저의 신앙생활은 자주 흔들렸습니다. 십자가 사랑, 그 은혜에 이제는 무언가 하나님께

보답해 드려야 할 것 같은 부담감이 슬그머니 생겨났기 때문입니다. 내 안의 열심, 헌신, 희생, 선행, 거룩함, 의지, 노력, 경건의 연습…. 이런 추구와 노력 없이는 하나님을 결코 만족시켜 드릴 수 없을 것 같은 조바심과 죄책감이 저를 점점 조여 왔던 것입니다. 어느새 열심과 헌신의 뿌리가 하나님의 은혜와 사랑이 아닌 나의 어떤 것에 바탕을 두는 것으로 변질되었던 것이지요.

그렇게 나의 의지와 노력으로 신앙생활을 하려니 영적 에너지가 점점 고갈되었습니다. 어느새 참된 마음에서 우러나오는 감사는 사라지고 말았습니다. 자원하는 마음보다 책임과 의무로 하나님의 일을 감당하려는 고행자의 모습, 그 모습이 그 즈음 제 모습이었다 해도 과언이 아닙니다.

저는 예수님을 믿으면서도 온전히 자유롭지 못했습니다. 해야 한다는 의무감과 종교적 형식의 껍질에 싸여 있는 내면의 어두운 모습. 스스로의 열심에 근거를 둔 신앙생활. 그런 저의 모습은 '주위아사신'을 '주를 위해 나의 몸을 드린다'고 거꾸로 해석하고도 한 번도 의심해 보지 않은 연유와 맞닿아 있다는 것을 깨닫게 되었습니다.

우리가 주님을 위해 열심으로 충성, 헌신하는 것이 나쁘다는 뜻은 결코 아닙니다. 그 열심과 헌신에 앞서 우선되어야 할 것이 있음을 다시 확인하고 싶어 말씀드리는 것입니다. 후히 주시고 꾸짖지 아니하시는 하나님. 구하는 자에게 더 풍성한 것으로 채우고 싶어 하시는 하나님. 그 하나님께로부터 은혜와 사랑을 받아 누리는 것이 우선임을 잊지 않기를 원합니다. '주위아사신'(主爲我捨身). 그렇습니다! 주께서 우리를 위해 자신의 몸을 내어 주셨습니다!

‖‖ 볼륨을 높여요

너희는 그 은혜에 의하여 믿음으로 말미암아 구원을 받았으니 이것은 너희에게서 난 것이 아니요 하나님의 선물이라 행위에서 난 것이 아니니 이는 누구든지 자랑하지 못하게 함이라(엡 2:8-9).

오늘의 사연_

인생 필름

"사모님, 인생이 영화 필름이라면 딱 한 부분만 잘라 없애고
싶어요. 그 부분만 없었다면 정말 제 인생이 달라졌을 것
같거든요. 후회도 덜할 거고요. 지금보다는 훨씬 행복한 인생을
살았을 것 같아요…."
과거의 상처들을 반추하며 이와 비슷한 이야기를 하는 분
들이 계십니다. 그 사건만 없었다면, 그 사람을 그때 만나지만
않았더라면 인생이 좀더 행복해지고 나아졌을 거라는 말이지요.

사실 저도 이와 비슷한 생각을 한 적이 있으니 그분들의 심정을
이해 못하는 바가 아닙니다. '부모님이 이혼하지 않으셨다면
좀더 안정된 환경에서 자랐을 텐데….' '어머니가 일찍
돌아가시지 않았다면 좋았을 텐데….' '결핵에 걸려 휴학하지만
않았더라면 가고 싶은 학교에 진학할 수 있었을 텐데…' 하고
말입니다.

이런 생각을 하는 내면을 가만히 들여다보면, 현재 내 형편이
이것밖에 안 되는 것은 과거의 어느 사건, 누군가와의 잘못된
만남, 혹은 잘못된 선택 때문이라는 생각이 숨어 있음을
발견합니다. 상황이나 대상을 탓하며 책임을 전가하려는 마음이
도사리고 있는 것이지요. 현실을 직면하지 않으려는 도피심리와
실제 자신은 더 나은 사람이라는 '우월 콤플렉스'가 존재하는
것입니다.

이러한 생각의 찌꺼기들이 제 마음 깊은 곳에 남아 있음을
발견할 때면 하나님께 죄송하고 '나 믿는 사람 맞아?' 하고
반문하게 됩니다. 하나님을 믿는 사람은 인생을 바라보는 시각이
달라야 한다는 것을 너무나 잘 알고 있기 때문이지요. 하나님을
믿으면 가장 먼저 변화되는 것이 삶의 가치관, 사건과 환경에
대한 해석 그리고 관점의 변화가 아닐까 생각합니다.

예수님을 믿기 전에는 과거의 상처가 나를 파괴하고 불행하게
만들었다고 생각합니다. 빼내고 싶은 가시처럼 생각하는 거지요.
그런데 예수님을 믿은 후에는 나를 절망하게 만든 그 가시가
오히려 하나님께 가까이 가도록 만든 축복의 도구였음을 깨닫게
됩니다.

요셉은 제가 좋아하는 성경 인물 중 한 사람입니다. 어느
날 요셉의 생애를 묵상하다가 젊은 나이의 요셉이 그 오랜
세월 어두운 감옥 속에서 매일매일 무슨 생각을 했을까
궁금해졌습니다.

'고독하고 고통스러운 숱한 밤을 보내면서 그는 어떤 생각을
하며 지냈을까? 내가 그였다면 어땠을까?'

저는 요셉의 입장이 되어 보고 싶었습니다. 그래서 어둡고
냄새 나는 감옥을 상상해 보았지요. 그리고 상상으로나마 요셉
곁에 앉아 보았습니다. 좁고 음습한 공간에서 아무런 변화도,
앞날에 대한 어떠한 희망도 품을 수 없는 요셉. 노동으로 지친
육신을 누인 깊은 밤, 몸은 힘들어도 정신은 오히려 또렷해지고
잠이 오지 않는 그런 밤…. 그는 분명 과거 일들을 떠올렸을
것입니다. 어디 그날뿐이었겠습니까? 아마도 그의 억울한
지난날을 수없이 떠올렸을 것입니다.

특별했던 아버지의 관심과 사랑, 동생 베냐민의 귀엽고 사랑스러운 웃음소리, 고향의 정다운 집과 양들이 풀을 뜯던 들판…. 요셉의 입가에는 어느새 희미한 미소가 피어올랐겠지요. 하지만 그것도 잠시, 검은 구름처럼 몰려오는 어두운 과거의 기억들로 인해 그의 표정은 침울해졌을 것입니다.

그날의 아픈 기억들, 사나운 늑대처럼 험악한 형들의 얼굴, 구덩이에 빠져 살려 달라고 애걸하던 자신의 모습, 애굽 상인에게 팔려 갈 때 등을 돌린 형제들의 냉담한 뒷모습…. 그렇게 그날 일을 반추하다 갑자기 뇌리를 스치는 한 장면! 그 장면이 떠오른 순간, 요셉의 심장은 아플 정도로 빠르게 뛰기 시작했습니다. 요셉은 "아!" 하고 뼈아픈 탄성을 질렀지요. 번쩍하고 그에게 떠오른 장면은, 기억해 내기도 쉽지 않은 정말 작은 일이었습니다. 그러나 생각의 바퀴를 굴리던 요셉은 그 작은 사건이 결코 무시할 수 없는, 어쩌면 오늘날 자기가 감옥에 갇히는 데 지대한 영향을 준 사건이었을지 모른다는 것에 생각이 미친 것입니다.

창세기 37장 15절에 등장한 한 사람. 성경은 그 사람을 이름도 얼굴도 모르는 그냥 "어떤 사람"으로 묘사하고 있습니다. 아버지 야곱의 심부름으로 형들을 찾아 나선 요셉이 형들을

찾지 못하고 들에서 방황하고 있는데 지나가던 '어떤 사람'이
요셉에게 다가왔습니다. 그리고 무엇을 찾느냐고 먼저 물었고,
도단으로 가보라고 형들이 있는 장소를 친절하게 알려
주었습니다.

그 '어떤 사람'은 그렇게 요셉의 인생 무대에서 사라졌고 다시는
나타나지 않았습니다. 그런데 잠시 스친 그 만남 때문에 요셉은
형들에게 봉변을 당한 것입니다. 그 사람만 만나지 않았다면
요셉은 형들을 찾는 일을 포기하고 집으로 돌아갔을지도 모를
일입니다.

정말 작은, 우연과도 같은 순간의 만남이 요셉의 인생 전체를
허물어뜨렸습니다. 보통 사람이라면 억울한 감옥 생활을
한탄과 원망으로 지냈을 것입니다. 자신을 이 지경으로 만든
사람들에게 복수의 칼날을 갈았을지도 모를 일입니다. 하나님을
원망하고 등을 돌릴 수도 있었겠지요. 그러나 요셉은 그렇게
하지 않았습니다. 요셉은 언제나 하나님과 함께였습니다.
상황에 흔들리지 않았고 믿음을 지켰습니다. 하나님은 그런
요셉과 함께하셨습니다. 그래서 성경은 요셉이 형통했다고
기록합니다. 모함당하고 잊혀진 사람이 되었어도 하나님이 그와
함께하셨기에 성경은 조금도 주저하지 않고 요셉의 인생이

형통했다고 기록하는 것입니다.

요셉은 훗날 이렇게 고백합니다. "당신들은 나를 해하려 하였으나 하나님은 그것을 선으로 바꾸사 오늘과 같이 많은 백성의 생명을 구원하게 하시려 하셨나니 당신들은 두려워하지 마소서 내가 당신들과 당신들의 자녀를 기르리이다"(창 50:20-21). 요셉의 관점은 세상 사람들과 달랐습니다.

현실은 고통이요, 고난이요, 막힌 담 같은데 믿음의 눈으로 바라보니 그것은 더 좋은 것을 얻기 위한 내려감이요, 돌아감인 것입니다. 나의 약함과 실수와 실패까지 사용하셔서 결국은 선을 이루어 내시는 하나님의 섭리. 요셉은 그분의 놀라운 손길을 보게 된 것입니다.

우리 한번 요셉의 인생 필름을 거꾸로 돌려 볼까요? 바로가 하나님이 주신 꿈을 꾸지 않았더라면, 술 관원이 감옥 속의 요셉을 떠올리지 못했더라면, 감옥에서 술 관원을 만나지 않았더라면, 보디발 장군 아내의 모함으로 감옥에 갇히지 않았더라면, 보디발 집안의 종이 되지 않았더라면, 때마침 애굽으로 향하는 상인들을 만나지 않았더라면, 형들에게 배신당하지 않았더라면, 형들을 찾지 못하고 집으로 돌아갔더라면, 그리고 그날 그 '어떤 사람'을 만나지 않았더라면!

요셉의 인생에 애굽 왕 바로의 총리대신이 되는 일은 결코 일어나지 않았을 것입니다. 그리고 이스라엘은 극심한 가뭄과 기아에서 구원받지도 못했을 것입니다. 애굽의 기름진 고센 땅에 거주하며 열두 지파의 자손들이 대를 이으며 번창하지도 못했을 것입니다.

그렇습니다! 하나님의 구원의 섭리와 경륜의 깊이는 실로 오묘합니다. 합력하여 선을 이루시는 하나님! 저는 이 진리를 확신하며 하나님을 신뢰하기를 결단합니다. 그래서 인생에서 없애 버리고 싶은 순간, 아픔이고 불행이라 생각했던 그 사건을 감사함으로 받기를 원합니다. 고난과 고통이 닥칠 때, 우리의 머리로는 이해되지 않을 때, 창세기 50장 20절의 요셉의 고백을 기억하길 원합니다. 언젠가 우리는, 합력하여 선을 이루고야 마시는 하나님께 찬양과 영광을 올려 드리게 될 것입니다.

ⅲ 볼륨을 높여요

하나님을 사랑하는 자 곧 그의 뜻대로 부르심을 입은 자들에게는 모든 것이 합력하여 선을 이루느니라(롬 8:28).

오늘의 사연_

아버지의 빈자리

2001년 7월, 아버지가 쓰러져 병원에 입원하셨다는 연락을 받고
급히 귀국했습니다. 당시 저는 유학생 남편을 따라 미국에서
살고 있었습니다.

아버지는 팔다리가 묶인 채 병실에 누워 계셨습니다. 한창
무더운 여름이라 그런지 에어컨이 돌아가는데도 병실 공기는
후덥지근했습니다. 병실 안으로 들어서자 저를 알아본 아버지의
얼굴이 순간 밝아졌습니다. 뇌졸중으로 반신 마비가 되어 침대에

누워 계신 아버지는 예전의 모습이 아니었습니다. 언제나 양복에 중절모를 쓰고 깔끔한 모습으로 출근하시던 아버지. 등산과 사냥, 낚시를 좋아하고 친구들 사이에서도 인기가 많으셨던 아버지. 그런 아버지가 얼마 남지 않은 백발에, 희끗희끗한 수염이 삐죽삐죽 얼굴을 덮은 여든 후반의 노인으로 제 눈앞에 계신 것이었습니다.

어린 시절, 제 기억 속의 아버지는 늘 회사일로 바쁘고 분주하셨습니다. 재롱을 부려 본 기억이 없을 정도로 심정적으로 제게 먼 분이었지요. 그러다가 제가 열두 살 되던 해, 어머니가 제 곁을 떠나셨습니다. 아버지와 이혼을 하신 것입니다. 그리고 얼마 되지 않아 새어머니가 들어오셨고, 그 이듬해에는 아버지와 새어머니 사이에서 예쁜 딸이 태어났습니다.

어느 날 학교에서 돌아와 거실에 들어서는데, 아버지와 새어머니가 아기를 무릎에 앉혀 놓고 재롱 부리는 아기를 보며 행복해하는 모습을 보았습니다. 그 순간 저는 제가 외톨이라는 생각을 하게 되었지요. '나는 이 세상에서 혼자야. 엄마는 떠나 버렸고 아버지도 내 아버지가 아닌 것 같아.'

막 사춘기로 접어든 저는 저 자신이 고아가 되었다고 생각했던 것 같습니다. 사실 그동안 못 본 척, 이해하는 척하고 지냈지만, 어린 제게는 눈앞의 현실이 원망스럽고 말할 수 없이 외로웠습니다. 그렇게 사춘기 시절을 보내고 저는 혼자 사시는 어머니를 찾게 되어 아버지 집을 떠나 어머니와 함께 살게 되었습니다. 그렇게 되니 아버지와는 더욱 멀어질 수밖에 없었지요.

그래서일까요? 아버지를 생각할 때마다, 아니, 아버지와 가까이 있을 때조차 아버지는 바다 끝에 홀로 떠 있는 섬처럼 멀게 느껴졌습니다. 그런데 그렇게 멀리 계셨던 아버지가 이제는 제 앞에 초라한 모습으로 누워 계신 것이었습니다.

"안 돼. 안 된다! 이게 무슨 경우냐? 저리 가지 못해? 간호사들 다 어디 간 거야?"

아버지는 제가 기저귀를 갈아 드리려 하자, 자신의 수치스런 모습을 보이는 것을 완강히 거부하셨습니다. 당시 병원 파업으로 의사와 간호원의 손이 모자라는 상황이었고, 새어머니는 이미 칠순을 넘긴 노인이셨습니다.

"아버지, 아무리 안 된다고 하셔도 할 수 없어요. 혼자 화장실에 갈 수 있으세요? 혼자 씻을 수나 있으시냐는 말이에요. 저도 어쩔 수 없어서 이러는 거예요."

한바탕 실랑이를 하고 나서야 아버지는 어쩔 수 없다는 듯

체념하셨습니다. 체구가 큰 아버지를 씻기고 옷을 갈아 입히고 나면, 뜨거운 모래밭에서 한판 씨름이라도 한 듯 제 몸은 온통 땀범벅이 되었습니다. 온몸의 힘이 소진되었지요.

시도 때도 없이 배설 조절이 안 되는 아버지, 링거 바늘을 자꾸 뽑아서 결국 사지가 묶여 있는 아버지. 그동안 꼼짝 못하신 아버지의 몸 구석구석에는 살이 시커멓게 짓무르는 욕창이 심하게 번져 있었습니다. 저는 그런 아버지가 애처로워 묶여 있는 팔다리를 풀어 드리고 시시로 감시해야만 했습니다. 낮과 밤이 따로 없는 병실에서 아버지와 씨름하면서 알 수 없는 서러움이 복받쳐 올랐습니다. 아버지가 잠이 드시면 저는 병실 복도 창가에 서서 눈물을 흘렸습니다.

아버지가 쓰러지셨다는 연락을 받고 한국으로 오는 동안, 비행기 안에서 저는 마음속으로 다짐하고 또 다짐했습니다. 아버지에게 마지막으로 하고 싶었던 말을 다 쏟아 놓으리라! 그동안 아버지에게 섭섭했던 감정들, 버림받은 것 같았던 아픔과 마음의 상처들, 그리고 외로웠던 그 시간들을 다 풀어내리라 작정한 것입니다. 그런데 제가 맞은 현실은 그것이 아니었습니다. 병실 침대에 묶여 있는 아버지는 제가 상상하던 아버지가 아니었습니다. 나의 설움과 아픔을 받아 줄 아버지는 그곳에 없었습니다. 늙고 병들어 힘없는 노인, 작은 것에도 쉽게 상처를 입는 연약한 노인, 나의 보살핌이 절대적으로 필요한 아버지만 거기 계셨습니다.

아버지와 함께한 두 달은 제 생에 아버지를 가장 가까이할 수 있는 처음이자 마지막 나날이었습니다. 수염을 깎아 드리고, 로션을 발라 드리고, 몸을 닦고 옷을 갈아 입히는 동안 아버지는 말 잘 듣는 어린아이처럼 가만히 계셨습니다. 땀범벅이 되어 애쓰는 저의 모습을 가만히 바라보기만 하셨습니다. 그렇게 아버지 곁을 지키던 어느 고요한 새벽, 아버지가 제 이름을 부르셨습니다. 아버지는 저를 한참이나 바라보다가 제 손을 꼭 잡으셨습니다. 그리고 또박또박 아주 천천히 이렇게 말씀하셨습니다.

"내 딸 충희야, 고맙다. 너는 내 고운 딸이다."

처음 들어 보는 아버지의 따뜻한 마음의 표현이었습니다. 아버지의 말을 듣는 순간, 제 눈에는 눈물이 가득 고이기 시작했습니다. 그리고 그날 새벽, 저는 아버지에게 제가 가진 가장 귀한 선물을 드렸습니다. 그 선물은 바로 예수님이었습니다. 아버지는 제가 전하는 복음을 달게 들으셨고 나 같은 죄인도 용서받을 수 있냐고 하시며 그날 새벽 예수님을

영접하셨습니다. 사실 예전의 아버지는 왜 교회가 '죄인, 죄인'
하면서 사람을 주눅 들게 만드느냐고 화를 내시던 분이었습니다.
그런 아버지가 그날은 제 말에 조용히 귀 기울이셨고 진심으로
마음에 복음을 담으셨습니다.

그리고 그날 이후, 아버지는 놀랍게 변화되기 시작했습니다.
기도를 가르쳐 달라고 하셨고, 아는 찬송이 없는 것이
답답하셨는지 나름대로 작사, 작곡하여 찬송을 부르셨습니다.
세례받기를 원하셔서 동네 교회 목사님을 모시고 친척들이
함께한 병실에서 세례를 받으셨습니다. 놀랍게도 아버지는 세례
받는 그 자리에서 안 믿는 친척들에게 "자네들도 꼭 예수님
믿게나! 그리고 나 죽거든 제사 지내지 말아 주게" 하시며
전도도 하셨습니다.

제가 미국으로 돌아갈 날이 다가오자 아버지의 눈가에는
이슬이 맺혔는데, 그 얼굴은 놀라울 정도로 환하고 기쁨으로
충만했습니다. 아버지는 제가 미국에 오고 2주 후 결국 하나님의
부르심을 받아 세상을 떠나셨습니다.

육신의 아버지가 떠나시던 날, 마음의 조그만 방구석에서
웅크리고 울고 있는 조그만 아이에게 부드러운 빛으로 찾아오신
분이 계셨습니다. 그분은 애틋함과 인자함이 가득한 눈길로

말씀하셨습니다.

"나를 보아라. 내가 너의 진정한 아버지다. 육신의 아버지는 너를 다 알지 못하지만 나는 너의 모든 것을 알고 있다. 네가 무엇을 원하는지, 무엇을 좋아하는지, 무슨 생각을 하는지 다 알고 있단다. 사랑스런 딸아, 나는 너를 사랑한다. 육신의 아버지의 사랑에는 한계가 있지만 나는 너를 변함없이, 영원히 사랑한단다."

제게 사랑을 고백하는 그분은 생명 바쳐 나를 살리신 하나님, 나의 완전하신 하늘 아버지셨습니다!

ⅢⅢ 볼륨을 높여요

내가 너희를 고아와 같이 버려두지 아니하고 너희에게로 오리라(요 14:18).

오늘의 사연_

어머니의 용서

"자넨가? 그래, 그동안 잘 지냈고? 아이들은? 음… 그래. 나도 잘 지내고 있네. 내가 갑자기 왜 전화했는지 궁금하지? 다름이 아니고… 그동안 내가 자네한테 섭섭하게 한 것 있으면 용서해 주기 바라네. 그리고 자네가 나한테 섭섭하게 한 것들도 용서해 주려고 전화한 걸세. 자네가 내게 했던 일들 다 잊기로 했어. 자네를 용서하겠네. 응, 응. 그럼 알지. 울지 말게. 내 마음 받아 줘서 고맙네. 다 지난 일인걸. 그래, 그래…."

어머니의 전화 통화는 그렇게 비슷한 내용으로 몇 차례나 계속되었습니다. 간혹 어머니도 우시는지 떨리고 가라앉은 음성이 안방에서 흘러나왔습니다.

아버지와 헤어지는 과정에서 어머니가 받은 상처는 말할 수 없이 컸습니다. 아버지로부터 받은 배신의 상처도 컸지만, 아버지를 둘러싼 친척들의 반응이 어머니로서는 너무나 의외였던 것입니다. '형님, 형님' 하며 따르던 동서들까지 아버지 눈밖에 날까 봐 등을 돌리는 상황이 벌어진 것이지요.

어머니는 무엇이든 솔선수범하고 집안 대소사를 맡으셨기에 친척들에게 존경받는 분이었습니다. 지혜가 남다른 어머니는 어려움 가운데 있던 아버지의 회사를 일으키는 데도 막중한 내조를 하셨고, 집안 남자들까지 어머니를 존경하고 따랐습니다. 그야말로 현모양처였던 어머니가 하루아침에 가족들에게 소외당하고 배척받았으니, 그 마음의 아픔과 상처가 얼마나 컸을까요. 어머니의 상처와 아픔을 공감하기에 당시 저는 너무 어렸습니다.

하루는 창밖을 내다보고 있던 어머니의 눈에 십자가가 들어왔습니다. 집 가까운 곳에 새 교회당이 지어지고 있었던 것이지요. 종손인 아버지에게 시집 온 어머니는 종갓집

맏며느리였기에 1년에도 몇 차례 제사를 지내야 했습니다. 그런 어머니에게 어린 시절 잠깐 다닌 주일학교는 먼 옛날 이야기가 되어 버렸던 것입니다.

그런데 그날, 창밖의 십자가를 바라보던 어머니의 마음에, 다시 하나님을 향한 갈망이 일기 시작했습니다. 어머니는 마음속으로 기도하기 시작하셨습니다.

'하나님, 저 교회가 다 지어지면 신앙생활을 다시 시작하겠습니다. 꼭 다시 시작하겠습니다.'

어머니는 교회당이 다 지어지자 마음에 소원하시던 대로 교회에 다니기 시작했고, 그 후 돌아가시기까지 충성스럽게 신앙생활을 하셨습니다. 어머니는 뒤늦게 다시 시작한 신앙생활에 마음과 정성을 쏟아부으셨지요. 한결같은 사랑으로 구역 식구 한 사람 한 사람을 자기 식구처럼 챙기고 돌보셨습니다. 과부와 가난한 이웃을 특별한 관심으로 돌보셨고, 쌀을 팔아 혼자 되신 분들에게 가져다주기도 하셨으며, 명절 때는 이웃에게 고기를 나누기도 하셨습니다.

한번은 새벽기도를 마친 어머니가 집으로 돌아오는 길에 차가운 길바닥에서 자고 있는 사람을 발견하게 되었습니다. 어머니는 거지 행색을 한 그 사람을 지나치지 못하고 집으로 데리고 오셨습니다. 목욕을 하게 하고 갈아입을 옷을 주고 따뜻한 식사를 마련해 주셨습니다. 또 한번은 길을 잃은 할머니를 모시고 왔는데, 나중에는 그 할머니를 어머니로 삼고 돌아가시기 전까지 가까이 지내셨습니다.

그렇게 다시 시작한 어머니의 신앙생활은 하루가 다르게 깊어져 갔습니다. 어머니 곁에는 늘 붉은 색연필로 군데군데 줄이 그어진 성경책이 펼쳐져 있었습니다. 지금도 귓가에 맴도는 어머니의 기도 소리는 잊을 수 없는 소중한 기억입니다.

그러던 어느 추운 겨울날, 어머니는 김장 배추를 씻다가 감기에 걸리셨는데, 기침이 오래도록 멎지 않았습니다. 감기약으로는 낫지 않아 종합병원에 가보니 천식이라고 했습니다. 천식은 날이 갈수록 심해져서 호흡곤란이 자주 찾아왔습니다. 기침이 시작되고 숨이 가빠지면 한두 주는 병원에 입원해 약물치료를 받으셔야 했습니다.

병이 깊어지자 어머니는 '이 병이 나을 병인가? 하나님께서 데려가실 병인가?' 궁금해하셨지요. 어머니는 치료를 받기는 하셨지만, 병 낫기만을 위해 집착하거나 일상을 내팽개치지는 않으셨습니다.

그리고 어느 날부터인가 어머니는 마지막 날을 준비하기라도 하시듯, 주변 관계를 하나하나 정리해 가기 시작하셨습니다. 자신에게 상처를 주고 등을 돌린 친척들에게 전화를 걸기 시작하신 것입니다. 아무리 믿음이 깊은 어머니라도 이 일이 결코 쉬운 일은 아니었을 것입니다. 자신을 배신하고 아픔을 준 사람들을 용서한다는 것이 얼마나 어려운 일이었겠는지요! 친척들은 생각지도 못한 어머니의 전화에 오히려 당황하고 미안해하며 몸 둘 바를 몰라 했습니다. 어머니의 전화를 받은 작은어머니들도 울며 용서를 구하셨습니다. 자신들도 죄책감에 그동안 편치 않았노라고 고백하시면서 말이지요.

그렇게 화해 전화를 하시던 어머니가 마지막으로 전화한 사람은 다름 아닌 새어머니셨습니다. 어머니는 자신이 부덕해서 이런 일이 일어난 거라고 하시면서, 아버지와 새어머니의 앞날을 진심으로 축복해 주셨습니다. 뜻밖의 전화를 받은 새어머니는 당황해하시면서도 많이 고마워하셨습니다.

그렇게 용서를 구하고 용서를 하신 어머니는 며칠 뒤 잠자리에 들기 전, 저희 부부를 불러 놓고 함께 예배를 드리자고 하셨습니다. 〈내 영혼이 은총 입어〉라는 찬송을 부르시고 이사야서 말씀을 읽으신 후 하나님께 감사를 올려 드리며 자녀들을 위한 기도를 시작하셨습니다. 그리고 간절하게 이어지던 어머니의 기도 소리가 어느 순간 잦아들었습니다.
그렇게 끊긴 어머니의 기도는 다시 이어지지 않았습니다.
그리고… 그것이 어머니의 마지막 기도, 이 땅에서 하나님께
올려 드린 마지막 예배가 되었습니다.

어머니는 기도하다가 하나님의 부르심을 받고 이 세상을
떠나셨습니다. 어머니의 장례식은 목사님과 성도들이 원하는
대로 교회 예배당에서 교회장으로 집례되었습니다. 어머니는 온
교우뿐 아니라 가난한 사람들, 외로운 이웃들의 방문과 환송을
받으며 떠나셨습니다. 쉰다섯이라는 결코 많지 않은 나이에
하나님 품으로 행복하게, 자유롭게, 훨훨 날아가셨지요.

저는 어머니의 유언과도 같은 말씀을 마음에 새기고 새어머니께
성경책과 찬송가를 전해 드렸습니다. 그것은 어머니가
새어머니께 드리는 처음이자 마지막 선물이었습니다.

어머니의 용서는 사랑의 강물이 되어 흘러갔습니다. 그리고
그 용서와 사랑의 강가에 생명이 자라고 열매가 맺히기
시작했습니다. 어느 날 새어머니는 저에게 편지를 보내셨습니다.

사랑하는 딸 충희 보아라! 그동안 주 안에서 은아 아빠와 은아 너의
가족 모두가 평안했을 줄 믿는다. 목회가 어렵지는 않느냐? 나는

너희를 위해 아무것도 해줄 것이 없고 그저 하나님께 기도하는 것
밖에는 없구나. 부디, 하나님의 귀한 종이 되기를 바란다. 무엇보다
은아 아빠나 너나 건강에 항상 유의하거라. 나는 요즘 네가 소개시켜
준 여전도사님과 친구가 되어 자주 만나고 좋은 교제를 나누고
있단다. 내가 주님을 몰랐다면 지금 어떠했을까? 충희야, 고맙다.
하나님을 아는 행복을 전해 주어서! 잘 있거라! —엄마가

새어머니가 보내 주신 편지 갈피에는 앞뜰 단풍나무에서 따다
말린 단풍잎이 새어머니의 미소처럼 붉고 곱게 웃음 짓고
있었습니다.

ⅢⅠ 볼륨을 높여요

마지막으로 말하노니 너희가 다 마음을 같이하여 동정하며 형제를 사랑하며 불
쌍히 여기며 겸손하며 악을 악으로, 욕을 욕으로 갚지 말고 도리어 복을 빌라 이
를 위하여 너희가 부르심을 받았으니 이는 복을 이어받게 하려 하심이라(벧전
3:8-9).

오늘의 사연_

버킷 리스트

잭 니콜슨과 모건 프리먼 주연의 〈버킷 리스트〉(The Bucket List)라는 영화가 있습니다. 저는 이 영화를 보지는 못했지만, 영화가 유명해진 후 '버킷 리스트'라는 말이 세간에 회자되어 알게 되었지요. 버킷 리스트란 죽기 전에 꼭 하고 싶은 일을 적어 놓은 목록을 의미합니다.

버킷 리스트! 만일 여러분이 버킷 리스트를 만든다면 어떤 것들을 적어 넣으실지 궁금하네요. 저의 버킷 리스트도 궁금하시다고요? 저는 왜인지는 모르겠지만 문득 첫 번째로 떠오른 장면이 있는데요. 사실 평소 생각해 보지 않은 엉뚱한 것이었습니다. 바로 번지점프입니다! 저도 왜 번지점프를 하고 싶다고 생각했는지 모르겠습니다. 아무튼 제 머릿속에 가장 먼저 떠오른 장면이 번지점프였습니다. 저는 그런 생각을 한 제 자신을 좀더 연구해 볼 필요가 있다고 생각하게 되었지요.

제가 평소 즐기는 운동은 걷기와 수영입니다. 수영을 잘하는 것은 아니지만 그래도 실내 수영장을 자유롭게 오갈 수는 있습니다. 수영을 따로 배운 것은 아니고 옆 사람들을 보고 따라하다 터득하게 되었습니다. 한참 허우적거리고 애를 쓰다가 개구리 수영도 하고, 모잽이 수영 그리고 자유형도 하게 되었습니다.

처음에는 발이 바닥에 닿지 않을 때 가슴이 철렁하고 바짝 긴장하곤 했지요. 그래서 언제라도 손을 뻗으면 안전대를 붙잡을 수 있는 곳에서만 수영을 했습니다. 그러다가 시간이 흐르고 점점 대담해지면서 깊은 곳에서도 여유 있게 다니게 되었지요. 우쭐해진 저는 그럴듯한 폼을 잡으면서 수영을 즐기게 되었습니다.

그런데 제가 아무리 노력해도 할 수 없는 수영이 있습니다. 어떤 유형인지 상상이 되시나요? 예, 저는 배영을 못합니다. 배영은 몸을 뒤집어서 하는 수영이지요. 수영하는 분들 말로는 배영처럼 쉽고 편한 것이 없다고 합니다. 한참 허푸대면서 수영을 하던 사람들이 마지막에는 물에 누워 유유자적 노를 젓듯 수영하는 모습을 보면 그렇게 부러울 수가 없습니다. 저도 몇 번 시도해 보았는데, 생각과 달리 물속으로 꼬르륵 가라앉고 말았지요. 수영장의 밍밍한 물이 코속으로 들어가 캑캑거리면서 말입니다. 그렇게 몇 번을 시도해도 자꾸 실패하니, 결국 포기하고 배영은 접어 버리게 되었습니다.

저는 제가 왜 다른 수영은 그런대로 하면서 배영은 아무리 노력해도 하지 못하는지 이유를 생각해 보았습니다. 그리고 저는 그 이유가 '신뢰'에 있다는 결론에 이르게 되었습니다. 다시 말씀드리면 제가 물을 온전히 신뢰하지 못한다는 뜻입니다. 몸을 완전히 물에 맡기고 힘을 빼야 부력에 의해 뜨게 되는데, 물이 나를 떠받쳐 주지 못할 것이라는 불신과 두려움이 제 마음속에 도사리고 있는 것입니다.

저는 저의 이런 상태를 곰곰이 생각하다가, 혹시 제 신앙생활에도 이런 문제가 있지 않나 하는 생각을 불현듯 하게 되었습니다. 이미 훈련된 익숙한 수영, 무엇보다 물 위에 얼굴을

내놓고 앞의 상황을 살피며 하는 수영 스타일은, 상황을 스스로
통제할 수 있다는 점에서 안심할 수 있었던 거지요. 그러나
배영처럼 몸을 뒤집어 물 위에 누우면 앞을 볼 수 없고, 위만
바라보게 됩니다. 손을 잘못 저으면 몸이 전혀 다른 방향으로
움직일 수도 있지요. 게다가 몸의 어느 한 부분이라도 힘이
들어가면 그 자리에 가라앉고 맙니다.

저는 하나님 나라를 위한 어떤 모험도 하지 않고
안전지대에서만 적당히 신앙생활을 하고 있는 것은 아닌지
돌아보게 되었습니다. 어느 정도 통제 가능한 것은 잘
감당하는데 주님의 능력에 모든 것을 맡기고 전폭적인 신뢰와
믿음이 필요한 상황이 닥치면 의심과 두려움에 빠지는 제
모습을 보게 된 것입니다. 마치 배영을 하다가 허우적거리는
것처럼 말입니다.

부력의 속성을 믿어야 물 위에 누울 수 있듯이, 하나님의 성품을
온전히 믿고 신뢰해야 그분의 은혜의 강물에 가볍게 몸을 누일
수 있는 것이지요. 성령의 인도하심을 따라 자유롭게 흘러갈 수
있다는 것입니다.

버킷 리스트를 생각하면서 번지점프를 떠올린 이유가
아마 이것이었나 봅니다. '온전한 신뢰를 회복하고 싶다!'

하나님을 전적으로 믿고 의지하는 믿음을 회복하고 싶은 영적
열망이, 배영보다도 모험정신을 더 필요로 하는 번지점프로
이미지화되어 떠오른 것이 아닌가 합니다.

높은 허공에 몸을 날릴 때 100퍼센트의 신뢰가 없다면 아무도
용감하게 뛰어내릴 수 없을 것입니다. 용감하게 몸을 날릴 수
있는 것은 세심하고 과학적인 안전장치가 있기 때문입니다.
몸무게를 재고 몸의 상태를 점검하고 그 사람에게 꼭 맞는
안전장치를 달아 기계와 연결시켜 주기 때문입니다. 뛰어내리는
사람은 그 안전장치에 대한 신뢰와 믿음만 있으면 됩니다.
아무리 날갯짓을 하고 멋지게 몸을 날려도 안전장치가 부실하면
그대로 떨어져 죽습니다.

배영을 할 때도 마찬가지겠지요. 몸을 뜨게 하는 것은 내 능력이
아닙니다. 물이 그렇게 합니다. 다만 물의 속성을 믿을 때
배영이 가능해지는 것입니다. 마찬가지로 하나님의 신실하심과
선하심을 믿으면, 우리는 그 안전장치에 모든 것을 맡기고
영혼의 번지점프를 할 수 있습니다.

제가 버킷 리스트로 번지점프를 꿈꾼 것은 '온전한 신뢰에
대한 도전'이었다는 것을 깨달았습니다. 100퍼센트 하나님을
신뢰함으로 담대하고 용감하게 고공에서 뛰어내릴 수 있는 것.

나의 힘을 빼고 오로지 하나님의 선하심에 모든 것을 맡기는 것. 성령께서 나를 인도하신다는 그 온전한 신뢰를 회복하고 싶다는 영적 열망이 저로 하여금 뜬금없이 번지점프를 떠올리게 했다고 정리하게 됩니다.

자, 여러분도 저와 함께 '영혼의 번지점프'를 해보지 않으시겠습니까? 영원히 변치 않는 언약의 말씀과 완전무결한 사랑의 안전장치가 장착되어 있으니 두려워하지 마십시오! 성령님께서 우리와 함께하실 것입니다. 이제 뛸 준비 되셨나요? 하나, 두울, 세엣!

∭ 볼륨을 높여요

내 안에 거하라 나도 너희 안에 거하리라 가지가 포도나무에 붙어 있지 아니하면 스스로 열매를 맺을 수 없음같이 너희도 내 안에 있지 아니하면 그러하리라 나는 포도나무요 너희는 가지라 그가 내 안에, 내가 그 안에 거하면 사람이 열매를 많이 맺나니 나를 떠나서는 너희가 아무것도 할 수 없음이라(요 15:4-5).

오늘의 사연_

치유받을 용기

"나는 집사님이 너무 부러워요!"

"뭐가 부러우세요, 집사님?"

"늘씬하시고 얼굴도 예쁘고…. 나는 왜 이리 키도 작고

못났을까? 정말 누가 사진 찍는다고 하면 딱 질색이라니까요."

"아이, 집사님! 무슨 그런 말씀을…."

교회 앞을 지나다가 여자 집사님 두 분이 나누는 대화를 우연히

듣게 된 저는 그냥 지나치지 못하고 대화에 끼어들었습니다.

"집사님, 그런 소리 마세요! 집사님이 얼마나 예쁘고
사랑스러우신데요. 그냥 하는 소리가 아니라, 정말 집사님은
집사님 스타일에 딱 맞는 키예요! 큰 키 부러워하실 필요 전혀
없어요!"

제 말을 들은 집사님의 뺨이 발그레해지면서 입가에 미소가
피어올랐습니다. 그러나 입술로는 여전히 제 말을 못 믿겠다는
듯 부정하셨지요.

"저는요, 사모님. 어렸을 때부터 '키도 작은 게 어찌 그리 못났냐?
에그, 이 못난아!' 하는 소리를 하도 듣고 자라서 사모님 말씀이
잘 안 믿겨져요…."

집사님은 어릴 때부터 가족으로부터 '못난이' 소리를 듣고
자라 자신이 정말 못난 사람이라고 믿었답니다. 그것이 상처가
되고 열등감으로 자라 이제는 사람들 앞에 서는 것도 힘들고
누가 사진을 찍는다고 하면 얼른 등을 보이거나 마음이 아주
불편해진다고 하셨지요.

어릴 적 주변의 권위자들에게서 들은 말 한마디가 비수가 되고
화살이 되어 인생에 상처를 남길 수 있습니다. 권위를 가진
사람들이라면 부모님을 빠뜨릴 수 없고, 선생님이나 형제들
혹은 그밖에 힘 있는 사람들이 포함될 것입니다. 그런데 이

권위자들의 말이 정말 진실되고 신뢰할 만할까요? 그렇지 않을 수 있습니다. 사람은 모두가 부족하고 감정적이며 죄 가운에 사는 연약한 존재입니다. 분노에 받쳐 이상한 말을 쏟아부을 수도 있고, 편견에 갇힌 말을 함부로 이야기할 수도 있습니다. 사람은 얼마든지 그럴 수 있는 존재입니다.

특히 부모가 자녀에게 상처가 될 말들을 너무나 쉽게 쏟아 놓고 있지는 않나 돌아보게 됩니다.

"넌 왜 맨날 그 모양이니? 내 그럴 줄 알았어."

"넌 항상 그래. 어쩐지 잘한다 했더니… 역시 똑같구나!"

"넌 네 동생도 하는 걸 왜 못하니? 네가 동생의 백분의 일이라도 따라가면 내가 사람들 앞에서 춤이라도 추겠다."

"네가 백 점 맞은 걸 보니 너네 반 애들이 다 백 점 맞았나 보네!"

"바보 같은 자식, 밥이 목구멍으로 넘어가냐? 내가 널 낳고 미역국 먹은 게 후회스럽다."

자녀를 좌절시키는 말들, 참 많기도 하지요? 어디 말뿐일까요? 부정적 생각과 감정을 언어뿐 아니라 무언의 표정과 거친 행동을 통해 자녀에게 전하기도 합니다. 말은 안 해도 아이들은 부모의 눈빛 하나로 모든 메시지를 알아듣는다는 사실, 알고 계시겠지요?

어른은 상처를 입더라도 자가치료를 하거나 분별할 수 있지만, 어린아이들은 사리를 분별하고 말을 걸러 내는 능력이 부족해 듣는 그대로 믿어 버린다고 하지요. 그래서 어릴 적 상처는 쉽게 지워지지 않고, 기억의 창고 깊숙이 묻히게 됩니다. 그러다가 억눌려 있던 감정이 어른이 되어, 자신도 의식하지 못하는 순간 튀어나온다고 하지요. 폭발적인 분노 혹은 심한 열등감, 우울증으로 표출되기도 하고, 다른 사람에게 그 감정을 투사하기도 합니다. 또한 상처를 많이 받은 사람들의 특징 중 하나는, 일이 잘 안 풀리거나 관계에 어려움이 생길 때 쉽게 주변 환경을 탓하고 사람들을 원망하며 책임을 전가한다는 것이지요. 안타깝게도 상처가 깊은 사람은 모든 관계에서 어려움을 겪습니다. 나와 이웃, 나와 공동체, 그리고 나와 나 자신, 더 나아가 하나님과의 관계까지 말입니다.

이런 특징을 유별나게 많이 드러낸 사람들을 저는 성경에서 발견했습니다. 그들은 다름 아닌, 출애굽 한 이스라엘 백성 1세대입니다. 저는 출애굽기와 여호수아서를 읽으면서 한 가지 의문이 들었습니다. 같은 광야 백성인데, 달라도 너무 다르다는 것입니다. 모세의 지도 아래 있던 광야 1세대와 여호수아 지도 아래 있던 2세대는 국민성 자체가 달라 보입니다.

1세대 광야 백성의 특징은 불평, 불만, 의심, 두려움, 부정적 생각 그리고 불순종입니다. 그러나 2세대의 특징은 수용, 신뢰, 확신, 긍정적 마음, 절대 순종이지요. 같은 이스라엘 백성인데 어쩌면 이리 다를 수 있을까요? 지도자가 달라서 그런 걸까요? 그것은 아니라고 봅니다. 저는 1세대와 2세대의 차이를 '상처'라고 봅니다.

1세대는 애굽에서 노예 생활을 했고 2세대는 광야에서 태어났습니다. 두 세대는 모든 것이 달랐지요. 그들이 처해 있는 사회적 환경과 개별적 환경 그리고 역사적 경험은 달라도 완전히 달랐을 것입니다.

400년이란 세월 동안 대를 이어 노예로 종살이한 1세대는 어려움이 닥치면 금방 죽을 것처럼 고통을 호소했고, 일이 제대로 풀리지 않으면 두려움에 싸여 원망하고 불평했습니다. 지도자에 대한 의심이 마음 깊은 곳에 도사리고 있으니 하나님 역시 의심하고, 원망하며, 두려워하고, 불순종할 수밖에 없었지요. 그들은 늘 강자인 지배 국가의 눈치를 봐야 했고 권력에 주눅 들어 살아야 했습니다. 지배국을 미워하지만 한편으로는 어쩔 수 없이 의지해야 하는 의존적 존재였지요. 그들은 자유와 독립을 꿈꾸었지만 실제 자유가 주어지면 두려워했습니다. 세월이 흐를수록 자유와 독립에 대한 의지는 약해졌고, 민족적 자긍심은 바닥으로 곤두박질쳤을 것입니다. 그러나 2세대는 완전히 달랐습니다. 다를 수밖에 없었습니다. 그들은 태어나면서부터 하나님께 예배드리는 것에 익숙했습니다. 하나님께서 베푸신 수많은 이적을 듣기도 했거니와 그들이 직접 보고 경험했습니다. 전쟁에서 승리하게 이끄신 하나님을 만났고, 상천하지(上天下地)의 하나님을 피부로 체험한 세대였습니다. 그들이 경외하고 두려워한 대상은 애굽이 아니라 살아 계신 하나님이었던 것입니다. 그들은 독립적이고, 책임감이 있었으며, 담대했습니다. '상처'는 이렇게 국민성까지 바꾸어 놓는 것 같습니다.

우리도 마찬가지입니다. 상처를 감추거나 마음의 쓴뿌리를 제거하지 않으면 하나님의 말씀이 영혼에 뿌리내리는 데 방해를 받습니다. 하나님의 은혜와 사랑을 온전히 받아들이는 것이 어려워져 광야 1세대 백성처럼 신앙에 성장과 정진이 없게 됩니다. 상처는 치료받아야 합니다.

그러면 어떻게 해야 상처를 치료받을 수 있을까요? 간단하게 나눌 내용은 아니지만, 우선 상처는 겉으로 드러나야 치료가 가능합니다. 상처를 덮어 버리면 덧나고 나중에는 곪아 버려

치료하기조차 힘든 단계가 올 수 있습니다. 그래서 치료받기 위해서는 정직과 용기가 필요합니다. 나의 상처를 드러낼 수 있는 정직과 용기 말입니다.

또한 자신의 상처를 누구에게 드러내느냐 하는 대상의 문제도 중요합니다. 대상은 그 상처를 치료해 줄 수 있는 능력이 있는 사람이어야 합니다. 함께 아파해 주는 것도 좋지만 동정만 하고 덮어 버리면 잠시 위로가 되었을지언정 고침받기를 원하는 사람에게 결과적으로는 아무 소용이 없기 때문입니다.

좋은 의사를 찾아야 합니다. 치료할 수 있는 능력이 있는 의사를 만나야 합니다. 그렇습니다. 그 의사는 바로 예수님이십니다. 예수님께서는 자신을 의사라고 하셨습니다. 사망에 이르는 죄뿐 아니라 상처도 고치시는 의사 말이지요. 우리의 모든 것을 알고 계시고 치료하기를 원하시고 기다리시는 의사이신 예수 그리스도. 그 하나님 아버지 앞에 우리의 상처를 용감하게 드러내고 정직하게 고백할 때, 성령님께서 길르앗의 유향으로 우리를 치유해 주실 것입니다. 그 은혜를 경험한다면 우리는 새로운 피조물로서 자유와 기쁨을 누리게 될 것입니다.

참된 의사이신 예수 그리스도 앞에서는 숨길 것이 없습니다. 수치스러운 상처를 드러내고 고백하며 그분의 치유의 은혜를 구하고 누리기를 원합니다. 그래서 우리 모두가 그리스도 안에서 참 자유와 기쁨을 맛보는 존재로 살아가면 좋겠습니다.

⑪ 볼륨을 높여요

딸 내 백성이 상하였으므로 나도 상하여 슬퍼하며 놀라움에 잡혔도다 길르앗에는 유향이 있지 아니한가 그곳에는 의사가 있지 아니한가 딸 내 백성이 치료를 받지 못함은 어찌 됨인고(렘 8:21-22).

오늘의 사연_

우울증과 믿음

천둥번개를 동반한 소나기가 한바탕 쏟아진 6월 어느 날, 저는
전화 한 통을 받았습니다.

"사모님… 엄마가…."

거의 알아들을 수 없을 정도로 작은 목소리가 흐느낌과 함께
수화기 너머로 들려왔습니다. 저와 남편은 전화를 끊자마자 제인
집사님 댁으로 달려갔지요. 골목에 들어서자 경찰차와 응급차가
집사님 집 앞에 서 있는 것이 한눈에 들어왔습니다. 수첩에

무언가를 적고 있던 경찰은 우리가 목사 부부라고 하자 자리를
비켜 주었습니다.

눈앞에는 하얀 시트로 덮인 집사님의 시신이 누워 있었습니다.
저는 눈앞에 벌어진 상황을 어떻게 이해해야 할지 몰라 한동안
멍하니 시신을 내려다보았습니다. 하얀 시트 밖으로 빠져
나온 집사님의 하얗고 작은 두 발이 비 온 뒤의 햇살을 받아
비현실적으로 빛나 보였습니다. 그리고 그 광경이 제 마음을 더
처연하게 했습니다. 저는 아무 소리도 내지 못한 채 그 자리에
주저앉고 말았습니다.

집사님은 슬하에 두 딸을 두고 비교적 행복하고 부러울 것
없이 지내던 분이었습니다. 그런데 어느 날, 실내 수영장에서
수영을 하다가 갑자기 쓰러져 병원에 실려 가게 되었습니다.
뇌출혈이었습니다. 그녀는 의식불명이 되어 중환자실에 누워
있었습니다. 하루아침에 식물인간이 되어 버린 집사님….
교인들은 모일 때마다 하나님께 집사님을 살려 달라고 간절히
매달렸습니다.

그렇게 혼수상태로 15일째 되던 날, 집사님은 정말 기적적으로
소생하셨습니다. 병원에서도 기적이라 했고, 우리 모두가
하나님께서 집사님을 살려 주신 거라며 기뻐하고 감사했습니다.

집사님은 회생 후 무엇보다 신앙생활에 열심을 내셨습니다.

"사모님, 한번 죽음을 경험하고 나니 이제 어떻게 살아야 할지 분명해지네요. 교우님들의 기도 덕분에 하나님께서 제게 기회를 주신 것 같아요. 이제부터는 욕심 그만 부리고 나누면서, 주님 잘 섬기다가 천국 갈 준비를 해야겠어요."

회생은 하셨지만 아직 거동이 불편했던 집사님은 물리치료를 받으셔야 했습니다. 저는 집사님을 집에서 병원까지 일주일에 두 번 모시고 다니면서, 오가는 차 안에서 자연스럽게 집사님에 대해 많은 것을 알게 됐습니다. 집사님은 자라온 이야기와 가정사뿐 아니라 그동안 어떤 생각으로 교회를 다녔는지도 솔직하게 이야기해 주셨습니다. 자신은 교회를 오래 다니기는 했지만 무늬만 그리스도인이었다고 고백하셨지요.

집사님은 불편한 몸을 이끌고 성경공부와 기도모임에 참석했고, 단기선교팀에 합류해서 멕시코 선교여행도 함께 다녀왔습니다. 그렇게 집사님은 누가 보아도 새로워지고 열정적인 신앙생활을 하기 시작했지요.

그런데… 우리 모두가 이제는 집사님이 완쾌되었다고, 혼자 무엇이든 하실 만하다고 마음을 놓을 즈음, 갑작스런 죽음을 맞닥뜨리게 된 것입니다. 온 교회는 충격과 슬픔에 빠질 수밖에 없었습니다. 무엇보다 집사님과 자주 만나 교제를 나누고 신앙적 권면을 드렸던 저로서는 그 충격이 더욱더 컸습니다.

집사님의 죽음의 요인은 우울증이었습니다. 담당 의사의 말로는 의식불명으로 있다가 회생하긴 했지만 여러 종류의 약물 복용으로 후유증이 왔다고 합니다. 의사가 말하기를 이것은 의학적인 원인이기 때문에 우울증 약을 반드시 복용해야 한다고 했습니다. 그런데 집사님은 언제부턴가 약 먹는 것을 꺼렸습니다.

"사모님, 정말 믿음이 있다면 약을 의지해서 우울한 기분을 없애면 안 되는 것 아닌가요? 하나님을 믿으면 기쁘고 행복해야 하는데 왜 우울한 걸까요? 이건 마귀의 장난 아닌가요?"

"집사님, 의사가 그랬잖아요. 집사님의 우울증은 의학적 원인이기 때문에 약을 꼭 드셔야 한다고요. 의사 선생님 말을 들으셔야 해요. 약을 드시면서 기도도 하고 찬송도 부르시고 하세요. 약 드시는 게 믿음이 없어서가 아니에요. 약도 하나님께서 아픈 사람들을 위해 주신 은총이에요. 아셨죠? 다시는 약을 버리지 마세요."

집사님은 어디에서 누구에게 무슨 말을 들었는지, 우울증을 마귀의 장난이라 여기고 있었습니다. 그리스도인은 우울증

같은 것에 걸리면 안 된다고 믿고 계셨습니다. 그래서 한밤에도 일어나 마귀를 대적한다고 기도하고 찬송가를 크게 틀어 놓는다며 남편분이 걱정을 하셨지요. 심방을 가면 목사님도 같은 조언을 해주고 부탁을 드렸지만 집사님은 들을 당시만 그러겠다고 하고는 병원에서 받은 약을 버리기를 반복했습니다. 그렇게 시간이 흐르고 집사님이 어느 정도 안정된 모습을 보이자 사람들도 집사님이 이제는 독립해서 살 만하게 되었다고 생각했고 저 역시 마음을 놓았습니다. 그 즈음 이런 사고를 당한 것이었습니다. 집사님은 차고 문을 닫아 놓은 채, 차에 시동을 걸어 놓고 잠이 드신 것이었습니다.

여러분은 어떻게 생각하십니까? 그리스도인도 우울증에 걸릴 수 있다고 생각하시는지요?

성경은 참 실제적이고 솔직합니다. 성경은 그리스도인도 심한 우울감을 겪을 수 있다고 솔직하게 기록하고 있습니다. 다윗은 시편에서 '하나님이여 어찌하여 나를 버리셨나이까 응답하지 않으시기를 언제까지 하시나이까' 하며 피곤하고, 심장이 뛰고, 기력이 쇠하고, 뼈가 녹는 것 같고, 눈물이 음식이 되었노라는 우울감을 고백합니다.

욥도 마찬가지입니다. 그도 고난이 점점 극심해지자 차라리 태어나지 않았으면 좋았겠다며 자신의 생일을 저주하는 표현을 합니다. 요나 역시 공평하지 않은 것 같은 하나님을 원망하며, 뜻대로 일이 풀리지 않자 깊은 시름에 사로잡혀 '사는 것보다 죽는 게 낫다'고 탄식하지요.

과연 이들의 믿음은 어디로 사라진 것일까요? 그토록 하나님을 경외하고 섬기고 순종하던 믿음과 행동은 모두 거짓이었던 걸까요? 성경은 믿음이 좋은 사람도 때로는 낙심하여 극심한 우울증세로 고통받을 수 있다고 합니다. 그들의 믿음이 어디론가 사라져서가 아니라 육신을 지닌 인간의 연약함과 한계를 보여 주는 것입니다. 이 세상에 사는 한, 육체가 병에 걸리는 것처럼 우리 마음도 병에 걸릴 수 있음을 성경은 보여 주고 있습니다. 로뎀 나무 아래서 더 이상 살기를 원치 않는다고 탄식하는 엘리야에게 천사가 찾아왔습니다. 그런데 천사는 엘리야의 나약한 믿음을 꾸짖고 뜨거운 안수 기도를 해준 것이 아니라, 그를 깨워 음식을 먹이고 쓰다듬고 위로하며 다시 잠을 재웁니다. 하나님께서 엘리야에게 쉼과 위로를 주시고 영양 보충을 시켜 주신 것입니다. 저는 이 장면을 읽으며 하나님의 자상하심과 지혜로우심을 다시 한 번 생각하고 감탄합니다. 그렇습니다! 그리스도인도 낙심할 수 있습니다. 우울한 소식으로 가득한 광야 같은 세상에서 그리스도인에게도 우울증이 찾아올 수 있습니다. 그때 두려워하거나 당황하지 말고 몸과 마음과 영혼을 지혜롭게 잘 돌보기를 원합니다. 치유자 되시는 성령님께서 도와주실 것입니다. 로뎀 나무 아래서 죽기를 청했던 엘리야에게 베푸신 위로와 쉼과 회복이, 우울의 광야를 지나고 있는 분들께 동일하게 임하기를 간절히 바라고 기도합니다. 샬롬!

ⅲ 볼륨을 높여요

내 영혼아 네가 어찌하여 낙심하며 어찌하여 내 속에서 불안해하는가 너는 하나님께 소망을 두라 나는 그가 나타나 도우심으로 말미암아 내 하나님을 여전히 찬송하리로다(시 42:11).

오늘의 사연_

영혼의 보톡스

요즘은 피부가 곱고 희며, 얼굴이 작고 턱이 브이라인으로 갸름해야 미인이라고 합니다. 나이보다 젊어 보이려고 많은 관심을 갖고 노력을 기울입니다. 그래서 '동안'이니 '쌩얼'이니 하는 말이 화두가 되는 것이지요.

우리나라가 성형 천국이라는 사실은 익히 알고 계실 것입니다. 모두 같은 유형의 얼굴을 선호하다 보니 젊은 여성들의 얼굴이 비슷해져 '강남 쌍둥이'라는 유행어가 등장할 정도라고 합니다.

어떤 사람은 보톡스를 너무 많이 맞아서 웃을 때 표정이
부자연스러워 보이기도 하지요.

미(美)에 대한 관심은 누구나 있습니다. 대부분의 여성은
얼굴이 예쁘고 몸매가 날씬해지는 것이 평생 로망이기도
합니다. 저라고 다를까요? 다르지 않아 죄송합니다. 할머니가
되어도 아름다워지고 싶은 마음에는 변함이 없습니다. 가끔
관리를 받아 피부에서 광채가 나고 탄력이 있는 사람을 보면,
저도 순간적으로 젊음을 되찾고 싶다는 생각을 합니다. 가끔은
젊은 시절 사진을 꺼내 놓고 '나도 이런 시절이 있었지…' 하며
그리워하기도 하지요. SNS 프로필 사진을 10년 전 것으로
올려놓기도 합니다. 부끄럽고 숨기고 싶은 마음입니다만,
여자로서의 본능이자 욕심이 제 안에도 존재하고 있음은 숨길
수 없는 사실입니다.

물론 아름다움을 간직한다는 것이 나쁜 것은 아닙니다. 나이가
들수록 깨끗하고 품위 있게 자신의 모습을 가꾸어 가는
것은 필요하다고 생각합니다. 그런데 문제는 아무리 외모를
잘 가꾸어도 숨길 수 없는 것이 있다는 것이지요. 우리의
마음입니다. 보톡스를 맞아 얼굴은 탱탱하고 윤기가 흐르는데
그 속사람이 지쳐 있고 괴로움으로 가득하다면 보톡스도 소용이

없겠지요. 영적으로 나태하고 게으르면 아무리 화장을 하고 멋을 부려도 조금만 대화하다 보면 개울물처럼 얕은 속사람의 모습이 드러나게 됩니다.

하나님께서는 사람의 외모를 보지 않으시고 그 마음, 중심을 보신다고 말씀하십니다. 마음을 얼마나 중요하게 생각하시는지 성경에는 '마음'이라는 단어가 무려 919번이나 등장한다고 합니다.

외모가 출중한 성경 속 인물 하면, 사울 왕이 생각납니다. 그는 키가 훤칠하고 신체도 건장할 뿐 아니라 얼굴도 출중하게 잘생겼습니다. 그래서 누가 보아도 왕이 될 만한 사람이라 생각했지요. 그러나 마음이 병들기 시작하면서 그는 형편없이 허물어지고 맙니다. 한 나라의 왕이, 모든 권세와 명예와 부를 누리는 부러울 것 없는 왕이, 목동이었던 한 청년을 질투하고 시기하고 미워하면서 인생을 낭비하고 탕진한 것입니다. 그 모습은 안타깝다 못해 불쌍하고 추하기까지 합니다.

평생 추적자의 삶을 살면서 인생을 낭비한 사울 왕. 그의 인생을 볼 때 그의 중심이 언제나 하나님보다 자신에게 있었음을 기억하게 됩니다. 사울은 남들에게 보여지는 겉모습과 체면을 살리는 일에 더 급급했고, 하나님보다는 사람의 눈치를 살핀

사람이었습니다. 결국 사울은 하나님께 버림받은 가련한
인생으로 삶을 마감했지요.

우리가 하나님 앞에 설 때 '젊음을 유지하기 위해 얼마나
노력했나? 얼마나 아름답게 외모를 잘 가꾸었나?' 하는 것으로
평가받지 않을 것임을 우리는 너무나 잘 압니다.

저는 이런 생각을 할 때마다 이지선이라는 분이 자연스레
떠오릅니다. 이지선 씨의 이야기를 모르는 분은 거의 없으리라
생각합니다.

그녀는 명문대에 다니고 외모도 아름다운 여학생이었지요.
그런데 어느 날 불의의 교통사고로 얼굴과 전신에 심한 화상을
입고 죽음의 문턱까지 가게 됩니다. 그녀의 얼굴은 불길로
녹아내리고 쪼그라들어서 피부 재생을 위한 수술을 수십 차례
받았다고 합니다. "극심한 육체적·정신적 고통은 그 시간을
지옥으로 만들기에 충분했다"고 그녀는 말합니다.

젊은 그녀가 겪었을 두려움과 절망을 우리가 어떻게 헤아릴
수 있을까요! 그러나 그녀는 절망의 밑바닥에서 오뚝이처럼
일어섰습니다. 혼자가 아니라 주님과 함께 말이지요. 상상할
수조차 없는 극심한 고통 가운데서도 그녀는 주님과 함께
새로운 인생에 도전했습니다. 그녀의 얼굴은 결코 이전으로

돌아갈 수 없었지만 많은 사람 앞에 서서 하나님의 사랑과 그리스도의 은혜를 증거하는 복음 전도자가 되었습니다. 그녀의 간증을 듣고 나면 그녀의 존재에서 풍기는 향기가 그 공간에 가득 차 있음을 깨닫게 됩니다.

"저는 지금의 제가 좋아요. 다시 예전의 저로 돌아가라 하면 가고 싶지 않아요. 이 모습을 통해, 이 고난을 통해 하나님께서 얼마나 많은 은혜를 누리게 하시는지…. 저는 이 복을 놓치고 싶지 않습니다!"

이것이 젊은 아가씨 이지선 씨의 고백입니다. 참 놀랍지 않습니까? 사람들 앞에 보이기 위해 사는 것이 아니라 하나님 앞에서 사는 사람이기에 이런 고백이 가능한 것이 아닐까요!

육신의 아름다움은 나이가 들면서 사라집니다. 그러나 영혼의 아름다움은 나이가 들수록 더 깊어질 수 있습니다. 어쩌면 육신이 후패해질 때 영혼의 아름다움이 더 드러나게 될지도 모릅니다. 영혼의 향기는 숨길 수 없기 때문입니다. 영혼의 거울, 말씀과 기도로 매일 자신을 비추어 보는 사람은 속사람이 날로 젊어지고 강건해질 것입니다.

하나님께서 아름답다 인정하시는 영혼의 미인이 되고 싶지 않으십니까? 근심 걱정의 주름이 펴지는 말씀의 보톡스.

회의와 불신으로 처진 근육을 올려 주는 기도의 보톡스. 생기와

탄력을 증진시키는 섬김과 봉사의 보톡스. 겉사람은 후패하나

속사람은 날로 젊어지고 새로워지는 성령의 보톡스를 맞지

않으시겠습니까?

⑪ 볼륨을 높여요

고운 것도 거짓되고 아름다운 것도 헛되나 오직 여호와를 경외하는 여자는 칭찬
을 받을 것이라(잠 31:30).

오늘의 사연_

잃어 가는 것들

짧은 시 하나를 소개해 드리겠습니다.

내려갈 때 보았네

올라갈 때 보지 못한

그 꽃

정말 짧지요? 고은 시인의 〈그 꽃〉이라는 시입니다.

내려갈 때 보았네, 올라갈 때 보지 못한 그 꽃… 이 짧은 시가
우리에게 주는 의미는 결코 간단하지 않은 것 같습니다. 또 하나
소개해 드릴 글이 있습니다. 호주 콴타스 항공의 전 최고경영자
제프 딕슨의 '우리 시대의 역설'(The Paradox of Our Time)이라는
글의 일부입니다.

건물은 높아졌지만 인격은 더 낮아졌고, 고속도로는 넓어졌지만
시야는 더 좁아졌습니다. 소비는 많아졌지만 기쁨은 더 줄어들었고,
집은 커졌지만 가족은 더 적어졌습니다. 생활은 편리해졌지만
시간은 더 부족해졌고, 가진 것은 몇 배가 되었지만 소중한 가치는
더 줄어들었습니다. 지식은 많아졌지만 판단력은 더 부족해졌고,
약(藥)은 많아졌지만 건강은 더 나빠졌습니다. 달에 갔다 왔지만 길을
건너가 이웃을 만나기는 더 힘들어졌고, 세계평화를 이야기하지만
마음의 평화는 더 줄어들었습니다.

공감 가는 내용이지 않습니까? 과학문명이 발달하면 할수록
이상하게도 사람들의 정신세계는 점점 더 황폐해지고 고갈되어
가는 듯합니다. 많은 물질을 소유하면 삶이 더 행복하고
풍요로워져야 할 것 같은데, 오히려 마음 깊은 곳의 갈증과

허탈감은 더해지는 것만 같습니다. 〈그 꽃〉이라는 시나 제프 딕슨의 글에서 느낄 수 있는 것처럼, 끊임없이 앞만 보고 달려가는 현대인의 삶은 소중하고 아름다운 것들을 너무나 많이 놓치고 있다는 생각을 떨칠 수 없습니다.

무엇보다 요즘 세대는 정보의 홍수 속에서 살고 있습니다. 세계 곳곳에서 일어나는 다양한 소식과 방대한 지식을 접할 수 있지요. 그것은 분명 흥미롭고 편리한 일이기는 하지만, 한 가지라도 진중하게 사색하고 고민하며 사고의 깊이를 더해 가는 삶은 점점 어려워지는 것 같습니다.

텔레비전 방송만 해도 그렇습니다. 제 초등학교 시절만 해도 텔레비전 채널이 고작 세 개뿐이었습니다. 그런데 요즘은 케이블 채널이 수십 개는 된다지요? 어마어마합니다. 그래서 나온 말입니다만, 두 시간 동안 채널만 돌리다가 제대로 프로그램을 시청하지 못하는 경우가 허다하다고 합니다. 재미있는 내용이 나와도 더 재미있는 것이 있지 않을까 하며 채널을 고정하지 못하는 것이지요. 웃지 못할 이야기입니다. 정보와 지식과 이야기는 넘쳐나는데, 오히려 그것이 너무 많고 다양하다 보니 사고의 깊이는 점점 더 얕아지는 경향이 있음을 부인할 수 없습니다. 넓기는 하지만 깊이가 없어지는 시대이지요.

결혼한 자녀의 집을 방문하는 부모님들의 이야기를 들어 보면,
자녀 부부가 직장생활을 하느라 하루 종일 집이 텅텅 빈다고
합니다. 잘나가는 의사 부부는 정신 없이 바빠 아이들을 돌볼
틈이 없어 밤에도 보모를 고용하기도 하지요. 부부가 열심히
일해서 장만한 으리으리한 저택은 늘 비어 있고 그 집안에서
누리는 즐거움은 집 주인이 아니라 가정부라고 하니, 참
아이러니합니다. 행복하게 살기 위해 바쁘게 사는데, 정작 가장
소중하고 귀한 것들을 놓치고 살아가는 현대인들…!

저는 이런 이야기를 들을 때마다 산양의 일종인 '스프링폭스'의
이야기가 떠오릅니다. 스프링폭스는 가끔 몇천 마리가
한꺼번에 집단으로 죽는다고 합니다. 그 이유가 너무 궁금해서
동물학자들이 수년간 관찰했는데, 그 결과가 충격적이었습니다.
산양들이 먹이를 얻기 위해 서로 밀치다가 생긴 결과라는
것입니다.

선두에 있는 스프링폭스들이 한참 풀을 뜯고 있는데 그 뒤에
도착한 2차 무리가 앞에 있는 양들을 뿔로 받아 앞으로 밀고
나아간답니다. 뒤에 다다른 산양 무리가 밀어 대는 힘에 앞
무리의 양들 중 몇 마리가 견디다 못해 뛰기 시작합니다. 그러면
뛰는 동료들을 보며 놀란 다른 몇이 무슨 일이 났나 싶어 덩달아

뛰기 시작합니다. 그 후에는 너 나 할 것 없이 산양들이 무조건 달리기 시작한다는 것이지요. 그리고 무리가 달리는 속도에 일단 가속이 붙기 시작하면 아무도 그들을 멈추게 할 수 없다는 것입니다. 그러다가 절벽이라도 나타나면 멈출 수 없는 산양들은 아래로 떨어져 몰사한다는 이야기입니다.

산양들은 그렇게 필사적이면서도 자신들이 어디로 달려가는지, 왜 달려야 하는지 모릅니다. 그냥 열심히, 죽어라 달리는 거지요. 몇천 마리 양이 집단으로 죽는 것이 이런 이유 때문이라니, 한편으로는 불쌍하고 또 한편으로는 참 어리석다는 생각을 합니다. 그런데… 이 충격을 안겨 준 산양 무리의 죽음 앞에서 우리 모습이 교차되어 떠오르는 것은 왜일까요? 삶의 방향과 목적 그리고 우선순위를 놓쳐 앞만 보고 전력질주하는 모습이 꼭 산양들의 모습과 흡사합니다.

세상의 물살이 이리도 센데 어떻게 빠져나올 수 있겠느냐고 반문할 수도 있겠지만, 그 목적지가 죽음의 절벽이라면 이야기는 달라질 것입니다. 종착지를 정확히 알고 있는 사람이라면, 결코 그대로 내달리지는 않을 것이기 때문입니다. 어떻게 해서든 그 무리에서 빠져나오려 노력하고, 그리로 가면 안 된다고 주변 사람들을 설득할 것입니다. 이스라엘이 가나안

땅으로 들어온다는 소식을 들은 라합이 가족을 구원하기 위해
전심전력을 다했던 것처럼 말이지요.

이웃과 비교하고 경쟁하며 향방 없이 질주하는 사람들. 그 끝이
어디인지, 그리고 앞만 보고 달리다가 놓치게 되는 소중한
것들이 무엇인지 다시 한 번 생각해 보자고 말해 주고 싶습니다.
아니, 다른 사람이 아니라 우리 스스로에게도 자문해 보아야
할 일입니다. 혹여 나 자신도 그 무리에 끼어 함께 달리고 있는
것은 아닌지, 나는 다르다고 착각하며 살고 있는 것은 아닌지
돌아보면 좋겠습니다.

ⅲ 볼륨을 높여요

좁은 문으로 들어가라 멸망으로 인도하는 문은 크고 그 길이 넓어 그리로 들어
가는 자가 많고 생명으로 인도하는 문은 좁고 길이 협착하여 찾는 자가 적음이
라(마 7:13-14).

오늘의 사연_

섬김의 함정

새벽 두 시, 전화벨 소리에 잠이 깼습니다.

"사모님, 새벽에 죄송해요. 그런데 너무 걱정돼서… 도저히
혼자서는 안 되겠어요. 남편이 아직도 집에 안 들어왔어요. 또
도박하러 간 것 같아요…. 혹시 무슨 사고라도 난 건 아닐까
걱정이 돼요. 사모님도 아시겠지만 그이 상태가 요즘 정말
안 좋거든요. 홧김에 무슨 일이라도 저질렀으면 어떡하죠?
사모님… 기도해 주세요."

남편이 신학교를 졸업하고 섬긴 교회는 당시 매우 어려운
상황이었습니다. 전임 목회자와 교우들 간의 갈등으로 교회가
분열된 상태였기 때문입니다. 사역 초기에는 교우들이 매일
전화를 걸어 교회에서 상처받은 이야기를 쏟아 놓곤 했습니다.
게다가 교인들 개개인의 사정도 복잡하고 힘들었습니다.
신앙문제, 가정문제, 경제적 어려움, 부부갈등, 자녀문제….
풋내기 사모인 저는 이런 심각한 문제들이 어느 한 사람, 한
가정도 피해 가지 않는다는 사실에 놀랐습니다.
저마다 인생의 엉킨 문제들을 안고 버거워하는 교우들의 삶을
보며 참으로 애처롭고 힘겨웠습니다. 교우들의 꼬인 문제를
어떻게든 풀어 주고 싶다는 간절함은 시간이 흐를수록 커져만
갔습니다. 하나님께 매달려 죽기살기로 기도하면 기적처럼
문제들이 스르르 해결될 것 같은 착각에 빠지기도 했습니다.
그러나 마음만큼 일이 쉽게 풀리지는 않았습니다. 좀처럼 변화가
일어나지 않는 사역에 마음이 점점 버거워졌지요. 저는 답답할
때마다 수시로 교회로 달려가 하나님께 떼를 썼습니다. 이 많은
문제를 어서 해결해 달라고, 아니면 문제를 해결할 지혜와
능력을 달라고 매달렸습니다.
그날도 저는 새벽에 걸려온 자매님의 전화를 끊자마자

예배당으로 달려갔습니다. 아무도 없는 깜깜한 예배당에서 하나님께 울부짖었습니다. 어쩌면 이렇게 한 사람도 문제 없는 사람이 없느냐고, 이 젊은 부부를 이대로 내버려 두실 거냐고, 저희를 이곳에 보내셨으면 해결할 능력도 주셔야 하는 것 아니냐고 하면서 말입니다. 어찌나 소리를 질러 댔는지 등에는 땀이 흥건하고 얼굴은 눈물 콧물로 범벅이 되었습니다. 그렇게 한참을 기도하는데 갑자기 제 마음속에서 작은 음성이 들려왔습니다. 저는 그 소리에 놀라 기도를 멈추고 귀를 기울였습니다.

"네가 하나님이냐? 정녕 네가 하나님이더냐?"

세미하고 작은 음성이었지만, 있는 힘을 다해 소리치던 제 목소리보다 훨씬 강력하고 힘 있는 소리였습니다. 저는 그 한마디에 머리를 탕 하고 얻어맞은 듯 충격을 받았습니다.

"사람들로 너를 의지하게 하지 말고 나를 의지하도록 내 자녀들을 내 앞으로 인도해 다오!"

그렇습니다. 해결사가 되게 해달라고 소리치며 기도하는 제게 성령님께서는 네가 하나님 노릇을 하려느냐며 책망하고 계셨던 것입니다. 저는 그 음성에 놀라 잠시 가만히 숨죽이고 있었습니다. 저는 하나님의 통로에 불과한데, 하나님의 손에 들린 마른 막대기에 불과한데, 다른 사람들의 무거운 짐을 짊어지려고 끙끙거렸던 어리석은 모습을 성령님께서 보여 주신 것입니다.

저는 그날 예배당 중앙에 걸려 있는 십자가 밑에서 무릎을 꿇고 회개했습니다. 열정은 있었지만, 하나님을 섬기고 사람을 섬기는 일의 본질을 몰랐던 제게, 하나님은 '내려놓음'이라는 교훈을 처음으로 가르쳐 주셨습니다.

무거운 짐을 혼자 짊어지고 힘들어 죽겠다 하지 말고 주님의 십자가 앞에 내려놓는 것. 문제의 참 해결자 되시는 주님을 바라보고 그분의 도우심을 구하는 것. 그것이 바로 제가 할 일임을 그날 기도 중에 깨달았습니다. 저의 능력과 지혜로 문제를 해결하려 했기에 모든 것이 버겁고 무거운 짐이 되어 있었던 것입니다. 제 힘으로 일을 하려고 하니 하나님께서 일하실 수 없었습니다. 저의 열정과 열심이 하나님의 자리를 밀어내고 있었다는 사실을 깨닫자 제 마음은 무너져 내렸습니다. 저는 해결사가 아니었습니다. 저는 짐을 떠맡는 자가 아니라 그 짐을 십자가 앞에 내려놓는 자여야 했습니다. 성도들을 섬기면서 제가 빠졌던 첫 번째 함정은 바로 이 '내려놓지 못함'이었습니다.

제가 경험한 섬김의 두 번째 함정은 '자기 성찰이 없는 섬김'이었습니다. 어느 날 아침 시편 말씀을 묵상하며 기도하고 있는데, 제가 하나님께서 가장 싫어하고 미워하시는 행동을 하고 있다는 느낌이 들었습니다. 깜짝 놀라 눈을 뜨고 방 안을 둘러보기 시작했지요. 높이 쌓아 놓은 큐티 노트와 기도 수첩이 눈에 들어왔습니다. 그리고 그동안 지인들에게 받은 카드들이 모자이크처럼 장식되어 붙어 있는 커다란 액자가 보였습니다. 그 카드들에는 저를 칭찬하고 높여 주는 듣기 좋은 말들이 가득했습니다.

그것들을 보는 순간, 제 마음의 동기가 그대로 드러나 있음을 깨닫게 되었습니다. 하나님의 눈으로 바라본 물건들은 정말 흉하고 밉고 가증스럽기까지 했습니다. 모든 것이 제 신앙생활의 자랑거리가 되어 있었던 것입니다. 순간 '나는 망했다!'라는 생각이 번개처럼 스쳤습니다. 그러고는 자리에 납작 엎드릴 수밖에 없었지요. 저는 하나님께 회개하기 시작했습니다.

기도를 마친 저는 우상을 버리듯 방에 걸린 커다란 액자와 마음에 걸리는 것들을 모조리 쓰레기통에 버렸습니다. 그리고 다시 영적 벧엘로 돌아가기를 소원했습니다. 깨끗하고 순전한 마음으로 회복시켜 주시기를 간절히 간구드렸습니다.

신앙생활을 하다 보면 자칫 나의 최선과 나의 열심으로

하나님을 섬기려는 함정에 빠지기 쉽습니다. 신앙은
내가 무언가를 성취하는 것이 아니라 하나님께서 이루신
일을 믿음으로 받는 것입니다. '성취'(Achieving)가 아니라
'받음'(Receiving)인 것이지요.

최근 교회의 영적 지도자들이 하루아침에 무너지는 소식을
접하며, 씁쓸하고 안타까운 마음을 금할 길이 없습니다. 도저히
믿을 수 없는 일들이 주변에서 너무 자주 벌어지고 있습니다.
섬김의 함정에 빠진 사람들입니다. 사단이 쳐놓은 덫에 걸린
사람들입니다.

오랫동안 하나님의 일을 하다 보면 사람들의 칭찬에 익숙해지고
내가 꽤 괜찮은 사람이라는 착각에 빠집니다. 당연히 받아야
할 존경이라며 우쭐해합니다. 그러나 그때 자신이 하나님
자리에 앉아 있음을 눈치챘어야 합니다. 만날 사람들이 줄을 서
있고, 집회와 세미나에 유명강사로 불려 다니는 재미에 빠져서
달음질치다 보면, 하나님 앞에 앉는 일이 점점 줄어들게 됩니다.
그러나 그것이 함정임을 눈치챘어야 합니다.

덫에 걸려 있으면서도 그 위험을 깨닫지 못할 만큼
무감각하다면 그는 눈먼 자요, 귀가 어두워진 자요, 길에서
벗어난 사람입니다. 자기 성찰의 능력을 잃어버린 것입니다.

그러나 함정을 함정으로 보고 깨달을 수 있다면 참 감사한
일입니다. 그는 이미 빠져나올 수 있는 기회를 얻었기
때문입니다.
섬김의 함정! 그것은 그리스도인이라면 누구에게나 찾아올 수
있는 무서운 덫이요 시험입니다.

너희가 오른쪽으로 치우치든지 왼쪽으로 치우치든지 네 뒤에서 말소리가 네 귀
에 들려 이르기를 이것이 바른길이니 너희는 이리로 가라 할 것이며(사 30:21).

오늘의 사연_

상처가 쓴 소설

저는 소설을 아주 잘 씁니다. 어떤 종류의 소설을 쓰느냐고요?

그건… 제 마음대로 쓰는 소설입니다. 그냥 제가 지어낸

허구, 상상에 상상을 거듭한 요상한 스토리로 전개되는 그런

소설이지요. 장편이냐고요? 에고, 여러분이 오해하실까 봐 얼른

말씀드려야겠네요.

제가 말씀드린 소설은 글로 쓰는 작품이 아닙니다. 어떤

사건이나 현상을 보고 부정적이거나 실제보다 과장하여 상상의

나래를 펼치는 것을 말하지요. 때로 저는 이 소설을 쓰느라 밤잠을 설치기도 하고, 밥맛을 잃고 시름에 빠져 몇 날 며칠 속을 끓이기도 합니다. 그러면 남편은 안타깝다는 듯 핀잔을 주지요.

"여보, 또 소설 쓰고 있어요? 제발 그 허무맹랑한 소설 좀 그만 쓰고 툴툴 털어 버리면 안 돼요? 나는 전혀 그렇게 생각이 안 들던데, 당신은 왜 허구한 날 그렇게 장편소설을 쓰는지 모르겠어요."

그러면 저는 속으로 이렇게 남편에게 대꾸합니다.

'두고 봐요. 내 말이 틀림없이 맞을 테니까.'

그런데 이상하게도 제가 분명 맞을 거라고 예상했던 일이 나중에 보면 사실과 다른 경우가 허다하다는 겁니다. 분명 저 사람이 나한테 화가 나 있는 것 같은데, 알고 보니 100퍼센트 저의 오해인 경우가 많았지요. 실은 내가 두려워하는데 상대가 두려워한다고 생각합니다. 내가 이중적인 마음을 품고 있는데 상대가 두 마음을 품었다고 의심합니다. 내가 나를 용서하지 못하면서, 하나님께서 나에게 화를 내고 계시다고 생각합니다. 그러나 그것은 사실이 아닙니다!

한번은 이런 일이 있었습니다. 평소 제게 친근하게 대하던 여집사님이 있었습니다. 그런데 어느 날부터인가 집사님은

저와 눈을 마주치기를 꺼렸습니다. 제가 가까이 다가가는 것도
부담스러운지 멀리서 저를 봐도 얼른 고개를 숙이고 외면했지요.
저를 피하는 기색이 역력했습니다. 이런 상황이 되자 저는 또 그
소설 쓰는 버릇이 발동했습니다. 장편은 아니더라도 중편 정도의
소설을 쓰기 시작한 거지요.

"분명 나한테 무슨 상처를 받았을 거야. 그러지 않고서야 저렇게
피할 수 있어? 무엇 때문에? 언제? 아… 그때 그랬나? 내가 그때
한 말에 상처받은 게 아닐까? 그래, 분명 내 말을 들을 때 표정이
안 좋았어. 아니, 내 마음을 그렇게도 몰라? '아' 하면 '아'로
알아들어야 할 것 아니야? 이것 참, 이걸 어디서부터 어떻게
풀어야 하지? 아, 답답하네!"

머릿속 소설은 대충 이렇게 전개됩니다. 급기야 의기소침해진
저는, 저를 피해 다니는 여집사님에게 상처를 입고
전전긍긍해하지요.

그런데 실은 저의 생각과 전혀 다른 일이 일어나고 있었습니다.
집사님은 나쁜 감정이 있어서 저를 피한 것이 전혀 아니었던
것입니다. 나중에 드러난 사실이지만 당시 집사님은 죄 가운데
있었습니다. 그래서 사모인 저와 눈도 못 맞추고 피해 다니고
있었던 것입니다. 저 때문이 아니라 죄 짓고 있는 자신 때문에

피한 것인데, 저는 전혀 다르게 생각하며 괴로워하고 있었던 것입니다.

건강한 사람이라면 이럴 때 어떻게 생각해야 했을까요? 그렇습니다. 객관적으로 상황을 판단해야 했습니다. 오해부터 하는 게 아니라 적극적으로 다가가서 안부를 묻고 대화를 시도했어야 합니다. 만약 그랬다면 집사님을 돕는 길이 열렸을 수도 있지 않을까요? 그런데 저는 곧바로 내가 무언가 잘못했다는 자책감과 함께 상대에 대한 원망감을 품게 된 것입니다.

제 내면에는 비합리적이고 객관적이지 못한 사고의 패턴이 있었습니다. 관계가 원만하지 않은 경우 무조건 나에게 문제가 있다고 믿어 버리는 것이지요. 그래서 합리적인 사고 과정 없이 무리하게 생각이 앞서간 것입니다. 저는 이런 부정적이고 피해망상적인 사고 패턴이 어디서부터, 왜 만들어지게 되었는지 곰곰이 생각해 보았습니다. 그리고 제 내면 어느 한 곳이 제대로 성장하지 못하고 정체되어 있다는 것도 발견하게 되었습니다. 심리학에서는 이를 '성인아이'(Adult Child)라고 부릅니다. 제 내면에 비합리적이고 감정에 치우친 어린아이가 존재하고 있음을 그제야 발견한 것입니다.

초등학생 때의 일입니다. 어느 날 학교에서 돌아왔는데 집에
어머니가 계시지 않았습니다. 어머니가 쓰시던 물건들도
사라지고 없었습니다. 나중에 안 사실이지만 아버지와 이혼을
하고 떠나 버리신 것이었지요. 저에게는 어떤 예고도 없이
하루아침에 벌어진 사건이었습니다. 어머니의 부재는 제게
하늘이 무너지는 듯한 충격이었습니다.

충격이 그토록 컸던 이유는, 제가 그만큼 어머니에게 의존적인
딸이었기 때문입니다. 당시 어머니는 자녀 교육만큼은
누구에게도 뒤지지 않을 만큼 열성을 지니고 계셨지요. 어린
제가 봐도 '치맛바람'이란 생각이 들 정도였으니까요. 어머니는
전교 학부모 회장을 하고 공로상까지 받을 정도로 자녀 교육에
정성을 쏟아부으셨습니다. 그런 어머니가 하루아침에 사라진
사건은 마치 지붕과 벽이 사라진 집에 홀로 놓여 있는 것과
같았습니다.

저는 어머니가 저를 버렸다는 사실을 받아들이지 못했습니다.
현실을 직면하지 못했고, 애써 그 감정을 회피했습니다. 그리고
그렇게 해결되지 못한 감정을 마음속 어둡고 깊은 창고에
아무도 모르게 감추어 두었습니다. 그러나 시간이 아무리
흘러도 상처는 사라지지 않았습니다. 깊은 창고에 숨겨져 있을

뿐, 오히려 상처는 날로 커지고 있었지요. 저는 두려움과 우울, 배신감과 의심이라는 부정적 감정에 휩싸였습니다. 그뿐 아니라 부모님의 이혼이 내 잘못 때문은 아닐까 하는 터무니없는 죄책감까지 더해져 버리고 말았습니다.

이렇게 억압되어 있는 상한 감정은 성인이 된 후 느닷없이 표출될 때가 있습니다. 제 경우에는 거절당하는 것 같은 상황이 발생할 때, 저도 모르게 분노와 원망 그리고 자기 정죄, 죄책감 같은 비합리적인 감정이 휘몰아쳐 옵니다. 저의 내면은 이렇듯 해결되지 못한 어릴 적 상처로 늘 긴장되어 있었지요. 그래서 늘 생각이 복잡했고, 내면은 온전한 쉼을 누리기 쉽지 않았던 것입니다.

저는 한때 이런 내면의 사고 회로가 모든 사람에게 똑같이 작동한다고 생각했습니다. 그러나 모든 사람이 저와 같지는 않다는 것을 뒤늦게 발견하고 참 많이 당황했습니다. 늦은 나이에 상담학을 공부하면서 학우들과 솔직한 나눔을 하다가 제가 그동안 많은 오해 속에서 관계를 맺어 왔다는 사실을 알게 되었습니다. 사실 저는 저 자신을 매우 성숙한 사람이라고 생각하고 있었는데, 그 생각이 와르르 무너지는 경험을 한 것이지요. 그 과정에서 제가 몰랐던 저의 모습이 튀어나오면서

놀라고, 당황하고, 많이 힘들었습니다. 당연한 말 같지만, 다른

사람을 상담할 수 있으려면 무엇보다 자신을 먼저 알아야

한다는 것을 배운 소중한 시간이었습니다.

저는 어느 부분에서 비합리적으로 돌아가는 제 생각의 구조를

끊임없이 인식하고 관찰하고 성찰하려고 노력했습니다.

그리고 마침내 그 이유를 깨닫게 된 것입니다. 그것은 나의

내면을 구석구석 조명해 주신 성령님의 도우심이 있었기에

가능했습니다. 그 깨달음이 있은 후, 저는 제 안에서 부정적

반응이 일어날 때마다 그 미성숙한 아이를 불러냅니다. 그리고

그 아이에게 다정하게 설명하고 이해시키며 위로해 줍니다.

"소설 쓰기는 이제 그만! 더 합리적으로 생각해 볼 수는 없을까?

아직 모르잖아. 그 사람에게 다른 사정이 있어서 그럴지도

모르고, 그 사람은 전혀 의식하지 않는데 너만 민감하게 느끼는

것일 수 있어. 그러니 심호흡하고 다시 객관적으로 생각해

봐. 정 궁금하면 기회가 될 때 대화를 나누어 볼 수도 있잖아?

그러니 일어나지도 않은 생각은 금물! 사람을 두려워하지 말고

하나님을 바라봐. 하나님이 무슨 말씀을 하시는지 귀 기울여 봐!"

그렇습니다. 저는 이렇게 제 내면의 두려워하는 아이에게,

눈치 보고 있는 아이에게 타이릅니다. 그리고 하나님 안에서

합리적으로 생각할 수 있도록 용기를 주고 위로해 줍니다.
그러면 내면의 아이가 이내 잠잠해지면서 마음에 평화가
찾아옵니다. 내면의 휴식이 이루어지는 것이지요.
여러분 안에도 성장이 멈춘 아이가 존재하고 있지는 않은지요?
이유를 알 수 없는 분노와 두려움, 우울감과 수치심이 몰려올
때가 있는지요? 그렇다면 상한 감정으로 고통당하는 내면의
아이를 찾아보십시오. 그리고 부드럽게 아이를 불러내어 왜
그 자리에 머물러 있는지 묻고 상처의 원인을 알아보시기
바랍니다. 상처 난 그 아이를 하나님의 사랑과 자비의 빛 앞으로
데려오십시오. '네 잘못이 아니라고, 스스로 만든 감옥에서
나와 사랑과 자유의 나라로 가자'고 초대하시는 하나님의 손을
잡도록 인도해 주십시오. 성령님께서 도와주실 것입니다.

⑪ 볼륨을 높여요

나를 보내사 마음이 상한 자를 고치며 포로된 자에게 자유를, 갇힌 자에게 놓임
을 선포하며(사 61:1).

오늘의 사연_

금이 간 물동이

금이 가고 못생긴 물동이 하나가 있었습니다. 주인은 금이 가서
물이 새는 물동이를 다른 온전한 물동이와 함께 긴 장대에 달아
물을 길어 날랐습니다. 주인이 집까지 물을 길어 오면 금이 간
물동이에는 언제나 물이 반밖에 남아 있지 않았습니다. 온전한
물동이는 자랑스러워했고, 제 구실을 못한 금 간 물동이는
부끄러워했습니다. 오랜 세월 주인은 그렇게 금 간 물동이를
다른 온전한 물동이와 함께 소중하게 사용했습니다. 마침내 금이

간 물동이가 주인에게 물었습니다.

"저는 저 자신이 너무나 부끄럽습니다. 주인님은 왜 저를 버리지 않고 그냥 사용하십니까?"

그러자 주인은 조용하고 부드러운 음성으로 말했습니다.

"오늘은 가면서 길가에 피어 있는 꽃들을 보아라."

금이 간 물동이는 주인의 말대로 길가의 꽃들을 유심히 살펴보았습니다. 고개를 숙이고 땅만 보던 물동이가 주변을 둘러보니 그동안 보지 못한 작고 예쁜 들꽃들이 피어 있는 것이 눈에 들어왔습니다. 금이 간 물동이는 메마른 산 길가에 피어 있는 각양각색의 아름다운 꽃들을 신기한 듯 바라보았습니다.

"보았느냐? 네가 물을 주어서 아름답게 핀 꽃들이란다. 난 네가 금이 간 물동이인 줄 알고 있었지만 저 꽃들을 위해 그냥 두었단다."

짧지만 잔잔한 감동으로 다가오는 이야기이지요? 인디언 전설이라고 합니다. 저는 이 이야기를 읽으면서 물동이 주인의 마음을 생각해 보았습니다. 그리고 주님께서 이 땅에 계실 때 가까이한 사람들을 하나둘 떠올려 보았습니다. 그들은 권력이 있거나 돈이 많지 않았습니다. 학식이 높거나 스펙이

화려한 사람들도 아니었지요. 주님 곁에 가까이 있던 사람들은
오늘 이야기에 등장하는 금 간 물동이와 비슷했습니다.
죄인이라고 불린 사람들 그리고 소외되고 약한 사람들이
주님의 친구였습니다. 가난하고 배운 것 없는 사람들이 주님의
제자들이었습니다. 무엇보다 예수 그리스도의 족보에 등장하는
라합, 다말, 밧세바, 룻 같은 여인도 세상 기준으로는 흠모할
만한 것이 없는 연약한 존재들이었지요.

인터넷을 통해 자주 듣는 목사님의 주일 설교를 듣다가 웃음을
터뜨린 적이 있습니다.

"성도님들! 저는 잘생기지 못해 청소년 시기에 마음이
많이 아팠는데요. 목사가 되고 보니 좀 못한 외모가 오히려
감사합니다. 제가 만일 배용준 같은 인물이었으면 어쩔
뻔했습니까? 그 오똑한 콧날로 이 단상에 서서 설교를 하면
복음이 제대로 전달되었겠습니까? 여성도님들은 설교보다
'아! 우리 목사님, 저 오똑하고 멋진 콧날!' 하며 제 얼굴만
감상할 거고요. 남성도님들은 '이 여자가 목사한테 마음 뺏기는
거 아니야?' 하고 불안해했을 겁니다.

그러나 저는 일이 있어서 여집사님들한테 전화를 해도
전혀 문제가 없습니다. '누구야?' 하고 묻는 남편에게 '우리

목사님!'이라고 하면 '으응, 그래!' 하고 전혀 신경쓰지
않으니까요. 참 감사한 일이지 않습니까? 말씀을 전하면 복음만
드러나니 얼마나 감사한 일입니까? 저를 목사로 부르시기 위해
이렇게 좀 못생기도록 계획하고 준비하신 하나님께 감사를 올려
드립니다."

우스갯소리로 하신 말씀이지만, 사실 목사님은 그날 설교에서
요즘 한국 교회의 문제가 목사 한 사람을 너무 내세우고
의존하는 것이라고 지적했습니다. 진리는 보지 않고 진리를
가리키는 손가락을 자랑하면 어떻게 하느냐고 하시면서,
성도들에게 목사들을 너무 과대평가하지 말라고 하셨지요.
유명하다는 목사의 말 한마디에 이리저리 움직이는 어리석음을
범하지 말라는 말씀이었습니다.

그리고 목사님 자신도 정말 부족한 것이 많은 사람이라고
덧붙이셨습니다. 부족한 것을 알기 때문에 하나님께서 불쌍히
여기셔서 지금까지 사용해 주셨지만, 인간인지라 앞으로 어떤
잘못이나 실수를 하게 될지 장담할 수 없다고 하셨지요. 그래서
하나님을 꼭 붙들고 있는 것뿐이라고요. 그렇게 말씀하시는
목사님에게 진심이 느껴졌고, 저는 그것이 바른 말씀이라고
생각했습니다.

그날 설교를 들으면서 다시 한 번 확인한 것은 '아! 저 목사님은 그래서 하나님께서 쓰시는구나!' 하는 것이었습니다. 자신이 금이 간 물동이임을 알기에 하나님 앞에 늘 두렵고 떨림으로 겸손의 무릎을 꿇는 사람. 자신의 능력을 과신하지 않고 실수할 수 있는 연약한 죄인임을 잊지 않았기에 하나님만 붙드는 사람. 그런 사람이기에 하나님께서 저리 사용하시는구나 하고 생각하게 된 것입니다.

제 주변에는 하나님께서 귀히 쓰시는 분들이 참 많습니다. 그런데 참 이상하지요? 하나님께 쓰임받고 사람들에게 칭찬과 존경을 받는 분들은 학식이 높고 능력이 많아서가 아니라는 것입니다. (물론 학식이 높고 능력이 많은 분들을 하나님께서 쓰시지 않는다는 말은 아닙니다.) 비록 많이 배우지 못했어도, 조금 가난해도, 그들의 영혼이 하나님 앞에서 겸비(謙卑)하다면 하나님께서 그를 귀히 보신다는 것이지요. 하나님께서는 자신이 금이 간 물동이임을 인정하는 사람들을 오히려 높여 주십니다. '나 정도면 얼마든지 사람들을 가르칠 수 있지.' '나 정도 배웠으면 대접해 주어야 하는 거 아니야?' '이 정도 헌신했으면 이제는 인정해 줄 만도 한데?' '이제 나도 쓰임받을 준비가 되었는데 왜 교회가 안 알아주지?'

하나님께서 이런 마음을 품은 사람을 사용하지 않으신다는 것은
너무나 분명합니다. 왜 이렇게 자신 있게 말씀드리냐면, 그런
경우를 너무나 많이 보아 왔고 저 또한 그런 마음으로 있을 때
하나님께서 저를 통해 일하지 않으신다는 것을 절실히 경험했기
때문입니다.

하나님께서 쓰신 사람들은 모두 광야의 시간을 지나야 했습니다.
그 시간을 통해 자신의 실력과 능력이 무용한 것임을 깨달아야
했기 때문이지요. 자신이 가진 것으로 하나님을 섬기겠다고 나설
때 하나님께서는 조용히 뒤로 물러나 기다리십니다.

광야의 시간은 오직 하나님만 의지하게 하는 훈련입니다.
나의 것을 내려놓고 하나님께서 준비하신 것을 받아들이는
시간입니다. 자신이 금이 간 물동이임을 깨닫는 시간, 그럼에도
하나님의 거룩한 일에 은혜로 쓰임받는다는 감격을 발견하게
되는 시간입니다.

금이 간 물동이가 아무도 할 수 없는 귀중한 몫, 길가의 꽃들에게
물을 주는 역할을 했다는 것도 놀랍지만, 그 금이 간 물동이를
간직하고 사용한 주인의 긍휼과 사랑이 더욱 감동적으로
다가옵니다. 저는 금이 간 물동이 이야기를 읽으며, 우리의
모습과 하나님을 떠올립니다. 죄로 금이 간, 깨진 물동이 같은

우리 인생. 그러한 우리를 버리지 아니하시고 끝까지 품고 사용해 주시는 하나님의 지혜와 사랑이 참 감사합니다. 우리 모두는 금이 간 인생입니다. 죄로 인해 영원한 형벌을 받을 어둠의 자식이었습니다. 하나님이 계시지 않았더라면 절망과 좌절 속에서 버림받을 깨진 물동이 같은 존재였던 것입니다. 그런 우리를 버리지 아니하시고 품에 품으시고 지금까지 사용하여 주신 긍휼의 하나님! 금이 간 우리의 삶, 그 사이로 물을 뿌리셔서 인생의 길가에 아름다운 꽃들을 피어올리는 기적을 경험케 하시는 하늘 아버지께 감사드립니다.

ıll 볼륨을 높여요

상한 갈대를 꺾지 아니하며 꺼져 가는 심지를 끄지 아니하기를 심판하여 이길 때까지 하리니(마 12:20).

오늘의 사연_

오늘의 의미

'카르페 디엠'(Carpe diem)이라는 말 들어 보셨는지요?

카르페 디엠은 라틴어로 쓰여진 시의 한 구절인데, '현재를

잡아라'라는 뜻이라고 합니다. 바로 오늘, 지금 이 순간을

소중하게 생각하라는 뜻이지요. 오늘만큼 내게 확실한 날은 결코

없기 때문입니다. 꼭 필요한 일을 할 수 있는 때도 지금 주어진

시간이고, 우리가 믿음으로 사는 시간도 바로 오늘이지요!

저는 성경을 읽다가 문득 카르페 디엠이라는 단어가 떠오른

본문이 있습니다. 예레미야서 말씀입니다. 하나님께서 바벨론 포로로 잡혀 가는 이스라엘 백성에게 이렇게 말씀하십니다.

"너희는 집을 짓고 거기에 살며 텃밭을 만들고 그 열매를 먹으라 아내를 맞이하여 자녀를 낳으며 너희 아들이 아내를 맞이하며 너희 딸이 남편을 맞아 그들로 자녀를 낳게 하여 너희가 거기에서 번성하고 줄어들지 아니하게 하라"(렘 29:5-6).

하나님을 떠났던 과거에 얽매여 후회하거나, 암담한 미래를 두고 걱정하지 말라는 뜻입니다. 집을 짓고 텃밭도 만들고 그 열매를 즐기며 대를 이어 가는, 그런 하루하루의 삶을 놓치지 말라는 것입니다.

저희 교회 교인이셨던 자매님 한 분이 제게 이런 질문을 한 기억이 납니다.

"사모님은 인생 후배에게 딱 한 가지 조언해 줄 수 있다면, 어떤 말씀을 해주고 싶으세요?"

저는 그 자매님께 이런 답을 드렸습니다.

"글쎄요…. 그냥 제가 평상시에 생각한 것을 말씀드릴게요. 너무 평범한 말인 것 같긴 하지만… 오늘을 충실하게 살라고요. 내게 주어진 이 순간, 오늘을 소중히 여기라는 거지요. 과거 일에 얽매이거나 아직 일어나지도 않은 미래를 근심한다면, 그건

현재를 과거와 미래에 빼앗기는 거잖아요. 결국은 오늘이라는 시간이 쌓여 미래가 되는 것인데 말이지요. 오늘이 사라지면 내 삶은 어디서 찾을 수 있을까요? 자매님, 한마디로 요약하면 바로 내가 살고 있는 지금, 이 순간, 오늘이 중요하다고 말해 주고 싶어요."

자매님은 진지한 표정으로 제 말에 귀를 기울이고 있었습니다.

"오늘이 10년 후 우리의 모습을 결정짓는다는 말도 해주고 싶어요. 오늘 내가 무엇을 하느냐가 앞으로 나의 모습을 결정짓지 않을까요? 10년 후라고 해서 갑자기 안 되던 일이 이루어지는 것은 아니니까요. 지금의 내 모습도 1년 전, 10년 전의 오늘이 만들어 낸 것 아닐까요? 하나님 앞에서 곰곰이 생각해 보면 좋겠어요. 10년 후의 나를 상상하면서요."

대화를 나누던 자매님은 고개를 끄덕이며 생각에 잠기는 듯했습니다. 항상 밝은 미소와 상냥한 목소리로 사람들의 마음을 행복하게 해주던 자매님은 남자아이를 셋이나 기르는 어머니였습니다. 교회에서나 가정에서나 다른 젊은 엄마들의 본이 될 만큼 성실하게 신앙생활을 했고, 아이들 신앙교육에도 열심이었지요.

그렇게 오랜 시간이 흐른 어느 날, 저는 평소 볼 수 없었던 자매님의 모습을 보게 되었습니다. 찬양팀 반주자가 자리를 비운 사이, 자매님이 아름다운 선율로 피아노를 연주하고 있었던 것입니다. 저는 깜짝 놀라 눈이 휘둥그레져서 말했습니다.

"아니, 집사님! 언제 피아노를 배우셨어요? 정말 멋지시네요!"

그러자 자매님은 배시시 웃으며 대답했습니다.

"사모님, 예전에 제게 해주신 말씀 기억 안 나세요? 오늘 이 순간이 무엇보다 중요하고, 오늘의 내가 미래의 나를 결정짓는다는 말씀이요! 사모님께서 해주신 말씀을 곰곰이 생각했어요. 그래서 오늘 내가 가장 하고 싶은, 그리고 하나님께서 제게 주신 재능이 무엇인지 고심했어요. 그리고 제일 하고 싶었던 피아노를 배우기 시작했지요. 어릴 때 잠깐 배운 피아노를 정말 더 배우고 싶었거든요. 그래서 아직 부족하지만 가정예배 때 찬송가 반주도 하고, 교회에서 이렇게 조금씩 섬길 수도 있게 됐어요. 사모님, 저 잘했지요?"

자매님의 말 한마디 한마디가 어쩜 그렇게 예쁘고 감사하던지요! 저는 마음에 결심한 대로 행동한 자매님이 참 훌륭하고 아름답다는 생각을 했습니다.

저는 이 시간, 제 인생의 좌우명 가운데 하나를 다시 마음속으로 외칩니다. 의지가 약하여 결심이 수시로 무너지는 저이기에,

이 구호를 외치며 다시금 마음을 다잡습니다. 아, 제 좌우명이 무엇이냐고요? 그것은 바로 '오늘 다시 시작하자!'입니다. 실수하고 실패했다 할지라도 낙망하거나 포기하지 말고 오늘, 지금 이 순간을 새롭게 시작하는 것입니다.

카르페 디엠! 그렇습니다! 바로 내게 주어진 오늘, 이 순간을 잡는 것입니다. 게을러진 영혼을 다시 일깨우고 하나님 앞에서 새롭게 시작할 시간도 바로 오늘, 지금입니다. 바로 그 오늘이 훗날 하나님 앞에 설 우리의 미래가 되는 것이니까요!

ⅢⅢ 볼륨을 높여요

너희는 이전 일을 기억하지 말며 옛날 일을 생각하지 말라 보라 내가 새 일을 행하리니 이제 나타낼 것이라(사 43:18-19).

오늘의 사연_

하피루

'화성에 가려면 우주선으로 6개월이 걸린다!'

최근 NASA와 미국 국방부 고등연구 계획국(DARPA)이

유인화성탐사 계획인 '백 년 우주선'이란 연구를 시작했다는

기사를 읽은 적이 있습니다. 편도 우주선을 타고 화성에서

생존훈련을 받겠다고 지원하는 사람들도 놀랍고 그 연구를

계획하는 사람들도 놀라웠지만, 그보다 지구에서 가까운 편인

화성까지 가는 데 초고속 우주선으로 6~7개월이 걸린다는

사실이 가장 놀라웠습니다.

화성이 그렇게 멀다면 목성, 토성, 천왕성, 해왕성, 명왕성 그리고 그 너머의 항성과 행성들은 도대체 얼마나 먼 걸까…. 제 머리로는 도저히 상상할 수 없는 거리입니다. 수천 억 개의 항성과 광대한 지역으로 퍼져 있는 성운들, 별 주변을 맴돌고 있을 행성들 그리고 과학기구로도 식별할 수 없는 은하계 너머의 웅대한 우주…. 그것은 인간이 상상할 수 없는 무한대의 깊이와 넓이와 크기입니다. 이 광활한 우주에서 지구는 볼펜으로 살짝 찍어 놓은 점에 불과하다고 하니, 그 지구 안에 살고 있는 우리는 얼마나 작고 미미한 존재일까요!

이 글을 읽고 계신 여러분, 잠시 저와 함께 눈을 감고 상상해 보지 않으시겠습니까? 우주의 크기와 광대함을 한번 느껴보십시오. 정확한 질서와 규칙에 의해 거리와 속도를 두고 운행되고 있는 어마어마한 우주를 상상해 보십시오. 그리고 그 우주 안에 있는 점같이 작은 지구를 바라보십시오. 그 작은 지구 안에서도 작고, 더 작고, 더더 작은 존재인 나 자신을 바라보고 생각해 보십시오. 기분이 어떠신지요? 우주 안에 존재하는 여러분의 모습이 어떻게 느껴지시는지요?

저는 저라는 존재가 티끌, 미세한 먼지와 같다는 생각이 들었습니다. 잠시 빛에 드러나 반짝이며 너울대다 스러지는 아주 작은 먼지 말이지요. 저는 그것을 느끼는 순간, 그 사실이 너무나 실감이 나서 마음이 숙연해지고 눈물이 고였습니다. 하나님 앞에서는 "천 년이 지나간 어제 같으며 밤의 한순간 같을 뿐"(시 90:4)이라는 성경 말씀이 공감되고 더욱 실감나게 다가왔기 때문이지요.

그런데 먼지 같은 우리는 지구에 머무는 그 잠깐 사이에, 내가 너보다 잘났다고, 너보다 잘했다고, 너는 나와 다르다고, 다투고 자랑하고 배척하며 서로 미워합니다. 내 것을 놓치지 않기 위해 안간힘을 씁니다. 그리고 그 짧고도 짧은 '순간' 속에서 헛되고 헛된 것들, 이슬같이 스러지고 사라질 세상의 것들을 욕심내고 추구합니다. 다른 사람의 것을 탐내기도 하고 빼앗기도 합니다. 탐욕의 무덤을 쌓아 가는 세상의 몸짓들이 얼마나 어리석고 헛된 것인지 이 시간만큼은 뼈저리게 느끼게 됩니다.

'먼지와 같은 인생' 하니 생각나는 단어가 있습니다. 히브리 사람을 칭할 때 원어로 '하피루'라고 합니다. 하피루에는 두 가지 뜻이 있는데요. 하나는 '먼지'라는 뜻입니다. 하나님 없는 우리 인생은 하피루, 먼지에 불과합니다. 그런데 이 먼지 같은 미미한 존재가 광활한 우주를 품을 수 있다는 사실, 놀랍지 않은가요? 사람은 육적인 존재일 뿐 아니라 마음과 영혼을 지닌 존재이기도 합니다. 마음을 넓히고 넓히면 마음 안에 우주가 들어옵니다. 이뿐인가요? 이 작고도 연약한 사람 안에 영원을 사모하는 마음을 심어 두신 하나님! 하나님께서는 인간 안에 고귀한 하나님의 형상을 새겨 놓으셨습니다. 그래서 먼지 같은 사람이 마음으로 우주를 품고 영혼으로 영원을 사모하는 것입니다.

하피루의 또 다른 뜻은 '강을 건너 온 사람들'입니다. 이민자(移民者), 나그네라는 뜻이지요. 광대한 우주와 그 우주를 창조하신 하나님을 떠올리면 우리 안의 사사로운 감정들, 욕심과 욕망, 거짓과 위선, 미움과 시기가 얼마나 하찮고 어리석은 것인지 생각하지 않을 수 없습니다. 지금의 육신이 곧 사라질 먼지임을, 그리고 우리의 일생이 우주의 시간 속에서는 눈 깜박거리는 순간보다 더 짧다는 것을 진실로 깨닫는다면, 우리는 결코 이 생만을 위해 살지는 않을 것입니다.

영원의 세계에서는 무엇이 중요하고 의미 있는 것일까 생각하고 고민하게 될 것입니다. 그리고 무엇을 위해 살고 무엇을 선택하며 살 것인지 좀더 분명하게 알고 결정할 수 있을 것입니다. 이 세상을 넘어서 영원한 나라에 관심을 기울이며 살아가게 될 것입니다.

그런데… 안타까운 것은, 이것을 잘 알면서도 깨달은 만큼
살아가기가 어렵다는 것입니다.

저희 부부는 미국에 있는 한인장로교회를 22년간 섬기다가,
얼마 전 사역을 마무리하고 한국으로 영구 귀국을 했습니다.
떠나올 때, 35년 남짓 이민생활을 하면서 생긴 짐들을 과감하게
정리했습니다. 짐의 많은 부분을 차지하는 책들도 대부분
정리해서 주변 분들에게 나누어 주었지요. 한국과 미국은 전압이
달라 가전제품도 모두 정리했습니다. 그러다 보니 이제는 누군가
짐이 될 만한 것을 주면 부담스럽고 불편해지더군요. 될 수
있으면 단출한 것이 좋아졌습니다.

이렇게 이사 준비를 하면서 문득 떠오른 생각이 있습니다.
잠시 머무는 곳이 이 세상이고 영원한 나라로 이사할 날이 곧
다가온다는 것을 진실로 깨닫는다면, 결코 필요 없는 물건을
사들이거나 낭비하지는 않을 거란 생각이지요. 대신 영원한
나라에서 필요한 것이 무엇인지, 그곳에서 중요한 것들을
생각하고 준비하는 데 마음을 써야 하지 않을까 다시금
생각하게 되었습니다.

30년 만에 고국으로 돌아오는 것이 그리 쉬운 결정은

아니었습니다. 그것은 또 다른 나그네와 이민자의 삶이기 때문입니다. 그러나 우리가 어디에 거하든지 그곳은 영원히 거할 곳이 아니지요. 어디에 있든 우리는 나그네요 이민자이며 하피루에 불과합니다.

하피루! 이 땅에서는 먼지와 같고 나그네와 같지만 주 예수 그리스도의 약속을 받은 자로서 더 나은 본향이 있음을 알기에, 그 영원한 나라를 믿고 바라보며, 인도하시는 대로 믿음의 걸음을 내딛는 것입니다. 매일 아침 거울 앞에서 낡아 가는 육신을 바라보며 저 자신이 하피루임을 실감합니다. 하나님께서 함께하시지 않으면 아주 잠시 반짝이다 스러지는 먼지밖에 될 수 없음을 절감합니다. 그럼에도 이 하피루에게 숨을 불어넣어 주셔서 생령이 되게 하시고 영원한 본향을 허락하신 하나님의 긍휼과 사랑을 찬양합니다!

‖‖ 볼륨을 높여요

우리의 연수가 칠십이요 강건하면 팔십이라도 그 연수의 자랑은 수고와 슬픔뿐이요 신속히 가니 우리가 날아가나이다 누가 주의 노여움의 능력을 알며 누가 주의 진노의 두려움을 알리이까 우리에게 우리 날 계수함을 가르치사 지혜로운 마음을 얻게 하소서(시 90:10-12).

저자 후기

"살아가면서 생각지 않은 일들이 생길 때마다 염려와 두려움이 앞서는 것은 당연합니다. 그러나 은혜의 힘은, 그러한 예상치 못한 일을 만날 때 두려움 가운데서도 신뢰할 수 있게 한다는 것입니다. 하나님의 놀라운 섭리와 은총을 뒤늦게 깨닫는 경우가 많기 때문입니다."

이 몇 줄의 문장을 시작해 놓고 다음 내용을 고심하고 있는데, 딸에게서 전화가 걸려 왔습니다.

"아, 은아니? 잘 지내지?"

"…"

딸은 전화를 걸어 놓고 아무 말이 없었습니다.

"…은아야?"

아직 아무 말도 듣지 못했는데, 전화를 통해 느껴지는 심상치 않은 분위기에 제 가슴은 두근거리기 시작했습니다.

"은아야, 무슨 일이니? …왜?"

딸의 침묵이 이어지자, 이런저런 불길한 생각이 떠올랐습니다. 부부 사이에 무슨 문제가 생겼나? 아니면 한창 개구쟁이인 손주 녀석이 다치기라도 했나?

"…엄마! 그이가 뇌졸중으로 쓰러졌어. 지금 병원에 와 있는데… 수술해야 된대."

딸은 울고 있었습니다.

무슨 말을 듣게 될까 걱정했던 저는 사위가 쓰러졌다는 말을 듣자마자 온몸에 힘이 빠졌습니다.

"아니, 왜? 사십도 안 된 한창 나이에…. 그렇게 건강하던 애가, 왜?"

흐느끼는 딸아이의 설명을 듣는 동안, 제 머릿속에는 딸 부부가 겪어야 할 앞날에 대한 온갖 상상으로 걱정과 불안에 가슴이 조여 오는 듯했습니다. 컴퓨터에 입력해 놓은 첫 문장이 무색해지는 순간이었습니다.

이렇게 예상치 못한 크고 작은 일들은 제 인생에서 수없이 일어났습니다. 그중에는 깜짝 선물 같은 기쁨의 순간도 있었지만, 잊어버리고 싶은 상처와 아픔 그리고 실패의 순간들도 있었습니다. 후자의 경우는 그 시간들이 그저 아프고 괴로워서 얼른 지나갔으면 했습니다.

하지만 시간이 흐른 후 깨닫게 되었지요. 그 모든 사건에는 하나님의 놀라운 섭리와 은혜의 손길이 숨어 있었다는 것을 말입니다. 그래서 제가 살아온 모든 순간이 하나님의 은혜요, 선한 인도하심이었다고 진실로 고백할 수 있습니다.

저뿐 아니라 인생의 어두운 골짜기를 지나고 있는 딸 부부, 그리고 이 책에 등장하는 많은 분의 삶 역시 그러하다고 믿습니다. 이 순간 제가 할 수 있는 일은 아무것도 없습니다. 그저 하나님께 도움을 구하며 무릎 꿇는 일 외에는요. 이 순간도 결국은 하나님의 섭리 가운데 있었노라고 고백하게 될 그때를 간절히 소망하면서 말이지요!

이 책은 미국 아리조나 주에 있는 하트앤서울 복음방송 선교회(Heart and Seoul Gospel Ministries)에서 1년간 방송한 내용을 추려 엮은 것입니다. 방송 기간에 많은 관심과 사랑으로 함께 기도해 주신 애청자분들의 성원으로 이 책이 출간되었다고 생각합니다.

무엇보다 제 인생 이야기에서 가장 중요한 부분을 차지했던, 사랑하는 세인트루이스 한인장로교회 성도님들께 감사를 전합니다. 함께한 시간을 결코 잊지 못할 것입니다.

복음의 진전을 꿈꾸며 저를 대신해 책을 구상하고 출판할 수 있도록 물심양면으로 도와주신 하트앤서울 복음방송 선교회 이성환 대표님 내외분과, 방송으로 선교할 수 있는 기회를 주신 강승규 국장님께 감사드립니다.

제가 하나님의 사랑받는 딸임을 늘 깨닫게 해주고, 그리스도인의 삶을 살도록 격려를 아끼지 않는 남편이자 동역자인 서정곤 목사에게 감사와 사랑의 마음을 전합니다. 또한 아흔넷이라는 연세에도 변함없이 기도로 후원해 주시는 사랑하는 시어머니, 늘 아낌없는 지지를 보내 주는 딸 은아 부부에게 감사를 전합니다. 그리고 사위 성덕이의 온전한 회복을 간절히 기도합니다. 끝으로 부족한 글을 기꺼이 책으로 만들어 주신 홍성사 대표님과 편집진께 감사드리며, 이 책이 나오기까지 기대하고 기도해 주신 모든 분께 다시 한 번 깊은 감사를 전합니다.

바라기는, 어느 날엔가 우리 앞에 펼쳐질 완성된 하나님의 구속 이야기를 여러분과 함께 그려 보기 원합니다. 그 위대한 이야기는 삶의 작은 이야기들로 엮여 있을 것임을 믿습니다. 그날에는 우리의 모든 이야기가 새로운 의미로 되살아나고, 이해할 수 없었던 고통의 순간까지 온전히 이해하게 되리라 믿습니다. 눈물이 씻겨지고 모든 아픔과 고통이 사라지게 될 것입니다.

그날, 그 황홀하고 찬란한 영광의 날을, 작은 이야기들의 주인공인 여러분과 함께 맞이하고 싶습니다. 우리 각자의 이야기에 숨겨진 하나님의 손길을 믿음으로 바라보며, 하나님으로 인해 기뻐하고, 그분께 감사와 찬양을 올려 드리기 원합니다.

작은 자를 통해 큰 그림을 완성시켜 가시는 위대한 '그분'께 영광을!

2017년 4월
예수님 때문에 행복한 사람

최종희

희망 온 에어
Hope On Air

2017. 4. 6. 초판 1쇄 인쇄
2017. 4. 13. 초판 1쇄 발행

지은이 최충희
펴낸이 정애주
국효숙 김기민 김의연 김준표 김진원 박세정
송승호 오민택 오형탁 윤진숙 이한별 임승철
임진아 정성혜 차길환 한미영 허은
펴낸곳 주식회사 홍성사
등록번호 제1-499호 1977. 8. 1.
주소 (04084) 서울시 마포구 양화진4길 3
전화 02) 333-5161
팩스 02) 333-5165
홈페이지 www.hsbooks.com
이메일 hsbooks@hsbooks.com
페이스북 facebook.com/hongsungsa
양화진책방 02) 333-5163

ⓒ 최충희, 2017

ISBN 978-89-365-1226-2 (03230)